LOS RETOS DE LA INTELIGENCIA ARTIFICIAL EN CONTEXTOS EDUCATIVOS

Los retos de la inteligencia artificial en contextos educativos

© de la edición, Fundación Universitaria San Pablo CEU, 2024
© de la coordinación, Ángel Bartolomé Muñoz de Luna, Sonia Martín Gómez y Francisco Cabezuelo Lorenzo, 2024
© de los textos, sus autores, 2024: Ángel Bartolomé Muñoz de Luna, Sonia Martín Gómez, Francisco Cabezuelo Lorenzo, Lourdes Villalustre Martínez, Daniel Zarzuelo Prieto, Marcos A. Vélez Rivera, María Solano Altaba, Eduardo Baura García, Pablo González Rico, Mireia Lluch Sintes, Pavel Sidorenko Bautista, María Jesús Lago Ávila, Jorge Miranda Galbe, María Begoña de Arancibia Román, José María Esteban Ramos, Rafael Ravina Ripoll, Sofía Blanco Moreno, Araceli Galiano Coronil, Fernando Galindo Rubio, Jorge Miranda Galbe, Esmeralda Román Quiñones, Aránzazu Román San Miguel, Francisco J. Olivares García, Javier García López, Alicia López Balsas, Myriam Frutos Amador, Jesús Segarra Saavedra, Beatriz Feijoo Fernández, Álex Rubio Navalón, Carlos Fanjul Peyró, Cristina González Oñate, Emiliano Blasco.

CEU *Ediciones*
Julián Romea 18, 28003 Madrid
Teléfono: 91 514 05 73
Correo electrónico: ceuediciones@ceu.es
www.ceuediciones.es

ISBN: 978-84-19976-22-2
Depósito legal: M-10236-2024

Maquetación y diseño de cubierta: Andrea Nieto Alonso (CEU *Ediciones*)
Imágenes e iconos: Freepik.com

Impresión: Forletter, S. A.
Impreso en España

LOS RETOS DE LA INTELIGENCIA ARTIFICIAL EN CONTEXTOS EDUCATIVOS

ÁNGEL BARTOLOMÉ MUÑOZ DE LUNA

SONIA MARTÍN GÓMEZ

FRANCISCO CABEZUELO LORENZO

ÍNDICE

INTRODUCCIÓN: LA INTELIGENCIA ARTIFICIAL COMO NUEVO GRAN RETO EN EL ÁMBITO DE LA COMUNICACIÓN Y DE LA EDUCACIÓN EN LA ACTUAL SOCIEDAD DIGITAL

ÁNGEL BARTOLOMÉ MUÑOZ DE LUNA
UNIVERSIDAD CEU SAN PABLO

SONIA MARTÍN GÓMEZ
UNIVERSIDAD CEU SAN PABLO

FRANCISCO CABEZUELO LORENZO
UNIVERSIDAD COMPLUTENSE DE MADRID

El uso de la inteligencia artificial (IA) se está incrementando en los últimos años, haciéndose notar en diversos campos como la medicina, las finanzas, el derecho, la industria y el entretenimiento; por ello, el IoT (internet de las cosas o red colectiva de dispositivos conectados que facilita la comunicación entre los dispositivos y la nube, así como entre los propios dispositivos) seguirá creciendo en los próximos años hasta alcanzar los 66.000 millones de unidades en 2026, con un 87% de usuarios que declaran que, una vez probados dichos dispositivos, ya no renunciarán a sus beneficios, según la segunda edición del informe *Things Matter 2019*, elaborado por Telefónica.

La IA se ha convertido en sinónimo de nuevas promesas, pero también de los riesgos que conlleva la masificación de las tecnologías digitales en las diferentes esferas de la vida económica y social del siglo XXI, ya que se tiene la idea de que pondrá en peligro los puesto de trabajo de quienes no se adapten a esta nueva revolución tecnológica. En diversos estudios se intenta dimensionar el ritmo y profundidad de los cambios que se avecinan, mientras que muchas industrias automatizan procesos gracias a las nuevas máquinas disponibles y se prueban prototipos de inventos que, hasta hace poco, parecían de ciencia ficción.

Ante todos estos avances nos preguntamos cómo va a incidir la IA en la educación, que se considera un pilar fundamental para el progreso de la sociedad y el desarrollo individual. En un mundo cada vez más digitalizado y globalizado, la IA se ha convertido en una herramienta esencial para mejorar y personalizar la experiencia educativa. La IA se refiere a la capacidad de las máquinas para aprender, razonar y tomar decisiones de manera autónoma, y su aplicación en la educación está en constante crecimiento y adaptación.

Aunque la inteligencia artificial (IA) desempeña un papel cada vez más importante en el campo de la educación, el uso de las nuevas tecnologías de IA en el campo educativo es aún incipiente y de carácter exploratorio, con un alcance limitado y un impacto modesto. Sin embargo, esto podría cambiar a medida que los últimos avances se vayan integrando gradualmente en los sistemas computacionales existentes y surjan otros nuevos.

De momento, estas son algunas formas en las que la IA se utiliza en la educación:

1. **Personalización del aprendizaje.** La IA puede adaptar el contenido y el ritmo de aprendizaje a las necesidades individuales de cada estudiante. Esto significa que los estudiantes pueden recibir instrucción y ejercicios específicos según su nivel de habilidad y estilo de aprendizaje, lo que puede aumentar la eficacia del aprendizaje, generando los denominados sistemas de aprendizaje adaptativos.

   En este sentido, hay que distinguir dos tipos de aprendizaje adaptativo (AA): el considerado como un método educativo basado en el análisis de datos *(learning analytics*) que permite modificar la propuesta educativa de forma personalizada basándose en la «adaptabilidad», que adapta de forma manual las necesidades del alumno al entorno de aprendizaje. Y el aprendizaje adaptativo inteligente (AAI), que se basa en la «adaptatividad», un proceso automático de adaptación basado en la IA, siendo, por tanto, a estos últimos a los que se hace referencia.

Estos sistemas de aprendizaje buscan acercar los tipos, dificultades, secuencias y ritmos de los materiales de aprendizaje, así como diálogos, preguntas y retroalimentación, a las necesidades individuales de los estudiantes, con costes considerablemente inferiores a los de los medios tradicionales.

2. **Tutoría virtual.** Los sistemas de IA pueden actuar como tutores virtuales, proporcionando retroalimentación instantánea a los estudiantes mientras trabajan en problemas o tareas. Esto puede ayudar a los estudiantes a comprender mejor los conceptos y corregir errores de manera inmediata. La tutoría virtual basada en IA se refiere al uso de sistemas inteligentes que interactúan con los estudiantes de manera similar a como lo haría un tutor humano.

   Estos sistemas utilizan algoritmos y modelos de IA para comprender las necesidades de los estudiantes, responder preguntas, proporcionar explicaciones detalladas y ofrecer orientación individualizada, transformando la forma en que los estudiantes reciben apoyo y retroalimentación, brindando beneficios significativos para su aprendizaje y desarrollo académico.

3. **Recopilación y análisis de datos.** La IA puede recopilar y analizar grandes cantidades de datos sobre el desempeño de los estudiantes. Los educadores pueden utilizar esta información para identificar áreas de mejora, identificar tendencias en el aprendizaje y tomar decisiones informadas sobre la enseñanza.

Esto promueve un aprendizaje más efectivo y motivador, ya que se adapta a los intereses y habilidades de los estudiantes. En este sentido, un sistema de IA puede recomendar a un estudiante recursos de lectura adicionales relacionados con un tema en particular que le interese, o proporcionar ejercicios de práctica adaptados a su nivel de conocimiento y habilidades.

4. **Automatización de tareas administrativas.** La IA puede ayudar a automatizar tareas administrativas, como la gestión de calificaciones, la programación de clases y la comunicación con los estudiantes y padres. Esto permite a los educadores concentrarse más en la enseñanza y el apoyo individualizado.

5. **Evaluación de respuestas abiertas.** La IA puede evaluar respuestas abiertas, como ensayos y respuestas a preguntas de desarrollo, utilizando algoritmos de procesamiento de lenguaje natural. Esto puede ahorrar tiempo a los educadores en la corrección y proporcionar una retroalimentación más objetiva e instantánea y una evaluación formativa.

   En este sentido, la retroalimentación es un elemento clave en el proceso de aprendizaje, ya que permite a los estudiantes entender cómo están progresando y qué áreas necesitan mejorar. En consecuencia, puede proporcionar a los estudiantes una idea de nuevas trayectorias profesionales, así como mentores potenciales para desarrollar aún más sus credenciales y preparación de la fuerza laboral.

6. **Acceso a recursos educativos en línea.** La IA puede ayudar a los estudiantes a encontrar recursos de aprendizaje en línea que se adapten a sus necesidades específicas, recomendando cursos, tutoriales y material de estudio relevantes.

En conclusión, podemos afirmar que específicamente en educación, la inteligencia artificial educativa (IAE) se refiere al uso de la IA para respaldar la retroalimentación y orientación personalizadas y automatizadas en el campo educativo. Sin embargo, es importante recordar que la implementación exitosa de la IA en la educación también plantea desafíos y cuestiones éticas. Estos incluyen preocupaciones sobre la privacidad de los datos de los estudiantes, la equidad en el acceso a la tecnología y la necesidad de mantener un equilibrio entre la automatización y la interacción humana en el proceso educativo. La IA en la educación es una herramienta poderosa, pero su uso debe ser cuidadosamente considerado y supervisado para garantizar que beneficie a todos los estudiantes de manera justa y efectiva.

Basándonos en lo anteriormente descrito, este estudio tiene como objetivo realizar un análisis empírico de la evidencia encontrada dentro de la literatura de EAI y un análisis de escucha social para comprobar si científicos y sociedad van en la misma dirección. Existen revisiones sistemáticas previas sobre la IA en la educación, pero no hay estudios que comparen la opinión que se desprende en las revisiones sistemáticas (científicas) con el *social listening* (sociedad).

Centrándose en la inteligencia artificial aplicada a educación o *Education Artificial Intelligence* (EAI), este estudio abordará varias preguntas de investigación. ¿Cómo se enfoca el uso de inteligencias artificiales en la educación universitaria? ¿Coinciden científicos y sociedad en sus apreciaciones? ¿Tienen el mismo crecimiento la EAI en la ciencia y en la sociedad? A estas y otras preguntas se intenta dar respuesta en este trabajo compilatorio donde más de 20 docentes e investigadores españoles e internacionales de más de una docena de universidades de España y Puerto Rico ofrecen sus últimas investigaciones a la comunidad académica, en particular, y sociedad, general, para profundizar en este apasionante reto que es la IA.

APORTACIONES DE LA INTELIGENCIA ARTIFICIAL PARA EL DESEMPEÑO PROFESIONAL DOCENTE

LOURDES VILLALUSTRE MARTÍNEZ
UNIVERSIDAD DE OVIEDO

DANIEL ZARZUELO PRIETO
UNIVERSIDAD DE VALLADOLID

INTRODUCCIÓN

La inteligencia artificial (IA) es un tema de gran envergadura dado su impacto en diversos aspectos y esferas sociales, profesionales, personales, políticas y educativas. Según la UNESCO (2022), la IA posee el potencial necesario para abordar los desafíos más significativos de la educación actual, contribuir a la innovación en los procesos de enseñanza y aprendizaje, y acelerar el progreso hacia la consecución efectiva de los objetivos de desarrollo sostenible (ODS). La introducción de estas nuevas tecnologías en el ámbito educativo representa una gran oportunidad tanto para estudiantes como para docentes, en aspectos relativos a la personalización del aprendizaje (Zhang *et al.* 2023), el uso de tutores inteligentes (Yilmaz *et al.* 2022) y asistentes virtuales (Gubareva y Lopes, 2020), el diseño de experiencias de aprendizaje inmersivas e interactivas (Chng *et al.* 2023) y la utilización de datos para mejorar el rendimiento de los estudiantes (Vázquez *et al.* 2021), entre otros.

Sin duda, la capacidad de la IA para procesar extensas cantidades de datos y extraer información relevante ha marcado un hito significativo en la mejora del acceso al conocimiento. Este avance ha consolidado un consenso generalizado en torno al valor intrínseco de una educación personalizada, capaz de abordar de manera precisa las características y desafíos a los que se enfrenta cada estudiante (Coello y Pérez, 2013). En este contexto, se ha observado que diversas experiencias y estudios respaldan la utilidad de la implementación de plataformas adaptativas para fortalecer la educación personalizada (Ayuso y Gutiérrez, 2022). Estas plataformas se presentan como herramientas eficaces al ajustar de forma dinámica materiales educativos, actividades y evaluaciones según las necesidades y preferencias individuales de los estudiantes, mejorando así de manera notable la efectividad del proceso de enseñanza-aprendizaje. Adicionalmente, el impacto positivo de la IA se manifiesta en la creación de entornos de aprendizaje interactivos. Estos espacios permiten a los estudiantes interactuar de manera dinámica con simulaciones, juegos y diversas herramientas digitales, fomentando una participación activa y una inmersión más profunda en los contenidos educativos.

La IA tiene la capacidad de recopilar todos y cada uno de los datos de la red, realizar un proceso de adaptación sobre esta nueva información y posteriormente, tomar decisiones basadas en patrones y conocimientos programados, es decir, posee la capacidad de recoger información de valor de grandes conjuntos de datos (Stackscale, 2023). Por tanto, brinda un amplio abanico de oportunidades para los docentes, otorgándoles la capacidad de ofrecer una retroalimentación inmediata, abordar preguntas de manera detallada y clarificar conceptos complejos de forma efectiva (Aguirre, 2022). La IA ha expandido significativamente el acceso a la tutoría, convirtiéndose en un asistente del docente, ofreciendo a los estudiantes apoyo en tiempo real y a su propio ritmo. Asimismo, la automatización de tareas administrativas ha propiciado la agilización de procesos rutinarios, que ocupan gran cantidad de tiempo a los docentes, desde la gestión de la asistencia hasta la corrección de pruebas. Con ello, no solo se simplifica la carga de trabajo del personal docente, sino que también permite dedicar más tiempo a la creación de contenidos innovadores, la interacción con los estudiantes y el diseño de estrategias didácticas más efectivas (Parra, 2022).

A pesar de las prometedoras posibilidades que la IA ofrece, es esencial considerar las dificultades y la resistencia a los cambios tecnológicos que suelen surgir. Según Coeckelbergh (2023), la tecnología no es simplemente un medio para alcanzar un fin, sino que también moldea dicho fin. Por lo tanto, diversas voces intentan poner el foco en la magnitud de esta tecnología, evaluar su alcance y poner en perspectiva los avances registrados. Así, Chomsky *et al.* (2023) consideran que la IA generativa podría distorsionar los fines formativos y comprometer principios morales al integrar una comprensión errónea del conocimiento. No obstante, aventurar proyecciones en un escenario de cambio vertiginoso y futuro incierto resulta difícil. Pero debe tenerse en cuenta, que existen desafíos y consideraciones éticas, como la privacidad y seguridad de los datos, la equidad en el acceso a la tecnología y la posible dependencia excesiva que requieren ser abordadas.

En cualquier caso, no cabe duda de que la unión entre la capacidad de procesamiento de la IA con la adaptación personalizada y la interactividad augura un cambio significativo en la educación, no sólo al maximizar el potencial de aprendizaje de cada estudiante, sino también sentando las bases para una experiencia educativa más efectiva. Por ello, en el presente capítulo se destaca el papel de la IA, la cual puede ofrecer numerosas oportunidades al profesorado de diferentes niveles educativos enfocadas, sobre todo, a la personalización del aprendizaje mediante sistemas adaptativos, la creación de materiales educativos y la evaluación de aprendizajes, entre otras áreas.

POSIBILIDADES QUE OFRECE LA IA PARA ENRIQUECER LA PRÁCTICA DOCENTE

En los últimos años, hemos sido testigos de notables avances en el campo de la IA aplicada a la educación. Numerosas aplicaciones se han utilizado ampliamente tanto por docentes como por estudiantes para desarrollar diversas tareas encaminadas a proporcionar una personalización del aprendizaje y una adaptación a las necesidades específicas de cada discente. En el presente capítulo se destacan algunas de las posibilidades que ofrece esta tecnología.

1. **Atención personalizada al estudiante.** La capacidad de la IA para personalizar el aprendizaje a través de sistemas adaptativos se convierte en un elemento esencial, permitiendo ajustar las experiencias educativas en función de las características y estilos de aprendizaje de los estudiantes (Obregón *et al.* 2023). Este enfoque individualizado destaca especialmente a través de aplicaciones orientadas al aprendizaje personalizado. Así, los tutores inteligentes desarrollados para plataformas virtuales buscan emular el papel del docente, brindando apoyo y resolviendo dudas de diversa índole a los estudiantes.

   Así, en el ámbito de la educación personalizada, la aplicación de la IA emerge como una alternativa a la tutorización de los estudiantes. La asistencia automatizada ofrece una perspectiva atractiva de atención 24/7. La interacción virtual, mediada por la IA, facilita los procesos de aprendizaje al proporcionar mecanismos de apoyo disponibles cuando se necesitan, sin restricciones de tiempo ni espacio. Este enfoque nos lleva a replantear el proceso de enseñanza-aprendizaje, cuyos impactos sugieren una tendencia hacia una educación más adaptativa (Chng *et al.* 2023).

2. **Creación de materiales y recursos educativos.** La IA proporciona valiosas y diferentes contribuciones para la creación y el diseño de recursos educativos orientados, sobre todo, a la personalización de los materiales a las necesidades y estilos de aprendizaje de los destinatarios, generando contenidos más individualizados (Cooper, 2023). De igual modo, esta tecnología puede crear automáticamente contenido educativo, desde textos hasta problemas y ejercicios, reduciendo significativamente el tiempo y esfuerzo requeridos por los docentes, siendo especialmente valioso para mantener actualizados los materiales y adaptarlos rápidamente a diferentes cambios y requerimientos.

   Por otro lado, la IA puede integrar elementos interactivos y de realidad virtual o aumentada en los materiales educativos, ofreciendo experiencias más inmersivas y participativas para los estudiantes (Grassini, 2023) e incluso evaluar las reacciones emocionales de los estudiantes ante el material educativo, lo que permitirá ajustar la presentación para mantener los niveles de motivación y atención de los discentes, o la creación de materiales educativos más inclusivos y accesibles, identificando problemáticas o dificultades de acceso.

3. **Evaluación inteligente.** La IA se constituye como una valiosa aliada en el ámbito de la evaluación de aprendizajes, ofreciendo análisis inteligentes y detallados sobre el progreso de los estudiantes. Este recurso no solo agiliza el proceso de evaluación, sino que también aporta información para adaptar y perfeccionarlo de manera continua. La capacidad analítica de la IA permite una evaluación más rápida y eficiente, liberando tiempo a los docentes, al tiempo que proporciona una visión detallada del rendimiento individual de los estudiantes, identificando sus avances y/o dificultades.

Asimismo, la retroalimentación instantánea generada por la IA brinda a los estudiantes un acceso inmediato a su desempeño, fomentando un aprendizaje más autónomo y autorregulado. Por otro lado, a los docentes les permite disponer de información más detallada para la toma de decisiones en el proceso evaluativo, contribuyendo a la mejora de la calidad de los procesos de enseñanza-aprendizaje (Ospina y Aristizábal, 2021).

La mayor parte de las aplicaciones educativas desarrolladas a partir de las nuevas capacidades tecnológicas de la IA permiten un trabajo individual y personalizado con los recursos digitales. Actualmente, existen numerosas herramientas y aplicaciones para hacer efectivas estas oportunidades, desde aquí destacamos algunas de ellas en el siguiente apartado.

ALGUNAS HERRAMIENTAS DE IA PARA EL EJERCICIO DOCENTE

En la actualidad existen multitud de herramientas para contribuir a la resolución de problemas complejos, el análisis de datos a gran escala o la toma de decisiones. Éstas pueden ser un catalizador para el desarrollo profesional docente, ofreciendo numerosas oportunidades para mejorar las prácticas educativas y potenciar la calidad de la enseñanza.

Para ello, se lleva a cabo una recopilación de varias aplicaciones de IA que pueden contribuir a la labor docente no sólo para agilizar tareas o procedimientos, sino también para contribuir en los procesos de enseñanza-aprendizaje. Así, se seleccionan 9 herramientas teniendo en cuenta su capacidad para potenciar la atención personalizada al estudiante, facilitar la creación de recursos educativos o contribuir a la evaluación de los aprendizajes. En la tabla 1 se recogen las tres herramientas que pueden potenciar la atención personalizada y el aprendizaje autónomo.

Id.	Características	Potencialidad
Century Tech	Se basa en la neurociencia cognitiva y análisis de datos para potenciar la personalización de la enseñanza.	Creación y seguimiento de planes de aprendizaje personalizados para atender las necesidades individuales de cada estudiante.
Knowji AI	Utiliza un entrenador de memoria y un algoritmo de repetición espaciada para potenciar el aprendizaje autónomo de idiomas.	Usa la IA para adecuarse al proceso de cada usuario y predecir aquellos aprendizajes más propensos a ser olvidados.
Querium	Se basa en impartir lecciones personalizadas muy breves y dar asistencia tutorizada integrándose en diversas plataformas como Canvas o Moodle.	Utilización de *chatbots* para proporcionar tutoría virtual personalizada en matemáticas. También ofrece materiales educativos.

TABLA 1.
Herramientas de IA para la atención personalizada y aprendizaje autónomo

Century Tech utiliza algoritmos de aprendizaje automático para adaptar los contenidos educativos según las necesidades y el estilo de aprendizaje de cada estudiante, y proporciona retroalimentación instantánea ofreciendo recomendaciones personalizadas sobre qué actividades y materiales educativos se ajustan mejor a las preferencias cognitivas de los discentes. En la misma línea, Knowji pretende potenciar el aprendizaje autónomo e individualizado de diversos tipos de vocabulario y en varios idiomas mediante la utilización de recursos audiovisuales. Al igual que Querium, pero relativo al aprendizaje de las matemáticas.

Id.	Características	Potencialidad
Beautiful.ai	Plataforma que utiliza tecnología inteligente para crear presentaciones visualmente atractivas. Aunque no se centra en la IA en el sentido estricto, tiene características que pueden ser útiles para la educación.	Empleo de algoritmos de diseño para automatizar la creación de presentaciones visualmente atractivas, siendo de gran utilidad para la creación de materiales didácticos.
RunwayML	Plataforma que permite utilizar modelos de IA para generar contenido visual y audiovisual, incluyendo la creación de vídeos a partir de texto.	Uso de modelos generativos para crear imágenes y vídeos que pueden ser utilizados en diferentes materias y con diferentes propósitos educativos.
Tome	Plataforma para la creación de presentaciones a partir de texto.	Creación de materiales educativos de manera sencilla a partir de la identificación del tema o palabras clave.

TABLA 2.

Herramientas de IA para la creación de materiales y recursos educativos

Actualmente, existen una gran variedad de herramientas y aplicaciones para la elaboración de materiales y recursos educativos que facilitan la tarea docente, pues pueden ayudar a ahorrar tiempo en cualquier tipo de asignatura. Entre ellas, destacamos la herramienta Tome que se utiliza para crear presentaciones automáticamente manteniendo una coherencia visual y un diseño intuitivo mediante la utilización de imágenes, gráficos, vídeos, etc., sin necesidad de poseer habilidades avanzadas de diseño. RunwayML se centra en la creación de vídeos a partir de texto, por lo que puede ser de gran utilidad para el docente en la creación de materiales educativos mediante la utilización de modelos generativos.

Id.	Características	Potencialidad
Gradescope	Plataforma que ofrece herramientas de calificación *online* por IA. Permite agrupar automáticamente respuestas similares y calificar todas las respuestas en cada grupo a la vez.	Ofrece herramientas para calificar exámenes escritos, tareas y calificar automáticamente todo tipo de pruebas. Proporciona análisis y estadísticas sobre el rendimiento de los estudiantes.
Cognii	Plataforma de evaluación y retroalimentación diseñada especialmente para entornos educativos.	Proporcionar ayuda a los estudiantes para elaborar respuestas de formato abierto y mejorar las habilidades de pensamiento crítico.
Squirrel AI	Plataforma que se centra en la evaluación adaptativa mediante la utilización de algoritmos de aprendizaje automático.	Identifica patrones y carencias formativas para contribuir a la toma de decisiones, motorizando el progreso de los estudiantes.

TABLA 3.

Herramientas de IA para la evaluación inteligente

Desde hace unos años, y más aún a partir de la pandemia, han surgido una gran variedad de plataformas que ofrecen una evaluación y retroalimentación en línea que se utiliza frecuentemente en entornos educativos para facilitar la corrección y la retroalimentación de exámenes y trabajos. Con ellas, se pretende mejorar el proceso de corrección y proporcionar retroalimentación más efectiva, pudiendo ser integradas en los sistemas de gestión del aprendizaje (LSM) de las diferentes instituciones educativas para facilitar la sincronización de las evaluaciones, como ocurre con Gradescope. Mientras que otras, además utilizan tecnología de procesamiento del lenguaje natural, como Cognii, para evaluar las respuestas abiertas de los estudiantes posibilitando una evaluación más rápida y objetiva.

CONCLUSIONES

La convergencia entre la IA y la educación marca un hito significativo que promete transformar radicalmente nuestra concepción de los procesos de enseñanza-aprendizaje. La IA se presenta como un recurso polifacético, cuyo impacto no se limita únicamente a la personalización del aprendizaje. Más bien, su influencia positiva se extiende a la creación de materiales educativos y a la evaluación del rendimiento académico, consolidándose como un elemento clave para la mejora continua de los sistemas educativos.

La capacidad de la IA para personalizar el aprendizaje es innegable. Este recurso se presenta como un elemento facilitador en la creación de materiales educativos adaptados a las necesidades individuales de los estudiantes. Además, su papel en la evaluación del rendimiento académico optimiza este proceso, proporcionando análisis detallados y rápidos que permiten una comprensión precisa del progreso de cada estudiante. De igual modo, la retroalimentación automatizada contribuye a que los docentes identifiquen las áreas de mejora, promoviendo un entorno más adaptativo.

La integración de la IA en educación requiere que los docentes desarrollen habilidades y competencias específicas para aprovechar al máximo esta tecnología emergente. Grassini (2023) establece que los docentes han de poseer una serie de habilidades clave con las cuales podrán llevar a cabo en sus aulas una correcta implementación de la IA. Desde aquí destacamos las siguientes:

- **Pensamiento computacional:** se presenta como una habilidad crucial e imprescindible para abordar situaciones y resolver problemas, permitiendo desarrollar habilidades cognitivas que posibiliten abordar de manera efectiva las complejidades de la IA. Los lenguajes de programación son la base de esta tecnología disruptiva cuyos avances son de uso público y cuyas interfaces son mucho más amigables. Por ello, es necesario que los docentes posean habilidades de pensamiento computacional.

- **Competencia digital:** desde el Marco Europeo para la Competencia Digital de los Educadores (DigCompEdu) se establecen las bases para que las nuevas tecnologías sean empleadas desde una perspectiva innovadora y desde un punto de vista tecno-didáctico, situando al docente como agente central del cambio. Así, es necesario que el docente posea las habilidades asociadas a la competencia digital requerida para diseñar y desarrollar actividades y proyectos que promuevan un aprendizaje activo y significativo utilizando la IA.

- **Competencias informacionales y audiovisuales:** hacer frente a los retos que presenta la IA demandará una serie de cambios que pasan por nuevas estructuras curriculares, nuevas modalidades de enseñanza-aprendizaje, nuevas formas de evaluación, etc. Todo ello requiere de una preparación docente para poder desenvolverse con éxito en este nuevo mundo digital sustentado por la IA.

De este modo, los docentes que deseen incorporar la IA en sus prácticas educativas deben adquirir habilidades técnicas, didácticas y sociales para aprovechar al máximo esta tecnología de manera ética y efectiva. En definitiva, la convergencia de la IA y la educación no solo representa un cambio paradigmático en la forma en que enseñamos y aprendemos, sino que también abre la puerta a un enfoque más dinámico y personalizado, respaldado por herramientas tecnológicas avanzadas. Esta unión entre educación e IA promete un futuro educativo más eficiente, efectivo y adaptativo, aunque no podemos dejar de lado sus implicaciones éticas y morales.

REFERENCIAS BIBLIOGRÁFICAS

AGUIRRE, J. (2022), «Modelos y buenas prácticas evaluativas para detectar impactos, riesgos y daños de la inteligencia artificial», en *Paakat: Revista de Tecnología y Sociedad, 12 (23)*. Disponible en línea en: http://dx.doi.org/10.32870/Pk.a12n23.742

AYUSO, D. y GUTIÉRREZ, P. (2022), «La inteligencia artificial como recurso educativo durante la formación inicial del profesorado», en *RIED-Revista Iberoamericana de Educación a Distancia, 25* (2). Disponible en línea en: https://doi.org/10.5944/ried.25.2.32332

COELLO, L. y PÉREZ, L. (2013), «Contribuciones de la inteligencia artificial a la educación superior», en *Journal of Chemical Information and Modeling, 53* (9), pp. 1-13.

COECKELBERGH, M. (2023), *La filosofía política de la inteligencia artificial. Una introducción*, Cátedra.

COOPER, G. (2023), «Examining science education in ChatGPT: An exploratory study of generative artificial intelligence», en *Journal of Science Education and Technology, 32*, pp. 444-452. Disponible en línea en: https://doi.org/10.1007/s10956- 023-10039

CHNG, E., TAN, A. y TAN, S. (2023), «Examining the use of emerging technologies in schools: A review of artificial intelligence and immersive technologies in STEM education», en *Journal for STEM Education Research, 6* (2). Disponible en línea en: https://doi.org/10.1007/s41979-023-00092-y

CHOMSKY, N., ROBERTS, I. y WATUMULL, J. (2023), «The false promise of ChatGPT», en *The New York Times*. Disponible en línea en: http://bit.ly/3GycXfx

GRASSINI, S. (2023), «Shaping the future of education: Exploring the potential and consequences of AI and ChatGPT in educational settings», en *Education Sciences, 13* (7), 692. Disponible en línea en: https://doi.org/10.3390/educsci13070692

GUBAREVA, R. y LOPES, R. (2020), «Virtual assistants for learning: A systematic literature review», en CHAD LANE, H., ZVACEK, S. y UHOMOIBHI, J. (Eds.), *Proceedings of the 12th International Conference on Computer Supported Education* (CSEDU 2020) (*Online*, May 2-4, 2020) (Vol. 1, pp. 97-103). SCITEPRESS. Disponible en línea en: https://doi.org/10.5220/0009417600970103

OBREGÓN, L. ONOFRE, C. y PAREJA, E. (2023). «El impacto de la inteligencia artificial en el ámbito educativo», en *Revista Científica FIPCAEC, 8* (3), pp. 342-354.

OSPINA, J. y ARISTIZÁBAL, E. (2021), «Aplicación de inteligencia artificial y técnicas de aprendizaje automático para la evaluación de la susceptibilidad por movimientos en masa», en *Revista Mexicana de Ciencias Geológicas, 38* (1). Disponible en línea en: https://doi.org/10.22201/cgeo.20072902e.2021.1.1605

PARRA, J. (2022), «Potencialidades de la inteligencia artificial en Educación Superior: un enfoque desde la personalización», en *Revista Tecnológica-Educativa Docentes 2.0, 14* (1). Disponible en línea en: https://doi.org/10.37843/rted.v14i1.296

STACKSCALE (2023), «¿Qué es *la* inteligencia artificial (IA)? Definición y casos de uso», en *Stackscale. Grupo Aire.* ¿Qué es la inteligencia artificial (IA)?

UNESCO (2022), «Recomendación sobre la ética de la inteligencia artificial», en UNESCO. Disponible en línea en: https://bit.ly/3nc3Yu1

VÁZQUEZ, A., GARCÍA, F. y THERÓN, R. (2021), «Towards a technological ecosystem to provide information dashboards as a service: A dynamic proposal for supplying dashboards adapted to specific scenarios», en *Applied Sciences, 11* (7). Disponible en línea en: https://doi.org/10.3390/app11073249

YILMAZ, R. *et al.* (2022), «Smart MOOC integrated with intelligent tutoring: a system architecture and framework model proposal», en *Computers and education: Artificial intelligence, 3.* Disponible en línea en: https://doi.org/10.1016/j.caeai.2022.100092

ZHANG, R. *et al.* (2023), «LLaMA-Adapter: Efficient fine-tuning of language models with zero-init attention», en *arXiv, 14*. Disponible en línea en: https://doi.org/10.48550/arXiv.2303.16199

ARTE E INTELIGENCIA ARTIFICIAL: RETOS Y OPORTUNIDADES EN LA EDUCACIÓN

MARCOS A. VÉLEZ RIVERA
UNIVERSIDAD ANA G. MÉNDEZ DE PUERTO RICO

La inteligencia artificial es, sin lugar a duda, uno de los asuntos de mayor auge y discusión en el mundo tecnológico y dentro de la cultura popular en el último año. La llegada de programas de inteligencia artificial con sistemas de lenguaje complejo, como fue el caso de ChatGPT en noviembre de 2022, representó una irrupción en las discusiones acerca de la originalidad, la autoría, la creatividad y el manejo de la información. Las tecnologías asociadas a la inteligencia artificial generativa, aquella que se fundamenta en generar resultados «originales» y no solamente responder con textos predeterminados, han cautivado la atención de muchos por su capacidad de imitar la destreza verbal humana y por la dificultad que implica para los seres humanos distinguir entre lo producido por la máquina y lo producido por un ser humano[1].

---

[1] FISK, R. (2023), «The rise of ChatGPT and generative AI and what it means for schools», en AASA Journal of Scholarship & Practice 20, n°. 1 (Spring 2023), pp. 37-46.

Sin embargo, las tecnologías de inteligencia artificial también han revolucionado con capacidad de creación de imágenes a partir de comandos en texto. Plataformas como Midjourney, Dall-e y Stable Difussion, entre otras, crean imágenes en diversos estilos y formatos a partir de las instrucciones que el usuario le provea. Los resultados son, al igual que en el caso de la generación de texto, considerados originales; si definimos como original el hecho de que no está copiado de otro lado. Sin embargo, es importante notar que las composiciones de las imágenes, que en ocasiones representan fotos, arte digital, pinturas, dibujos, etc., parten de la «inspiración» de imágenes anteriores de artistas y obras reales.

La rápida adopción de estas tecnologías nos pone de frente a una diversidad de cuestionamientos acerca de la creatividad, la originalidad y el concepto de arte en sí mismo. En tiempo reciente una de las obras creadas con inteligencia artificial logró venderse por más de $400,000, creando uno de los problemas que mencionaba George Dickie cuando argumentaba que la institucionalidad en la que se movía la obra de arte era la que, en cierta medida, le proveía legitimidad y por lo tanto, la convertía en obra de arte[2]. Este es el caso de las «obras de arte» generadas por inteligencia artificial.

Por otro lado, la inteligencia artificial ha irrumpido en el mundo educativo cuestionando las prácticas pedagógicas vigentes y retándonos a construir nuevos estilos que respondan a los retos planteados por las nuevas tecnologías[3]. El docente ya no es la única fuente de información, sino que se convierte en un creador de experiencias educativas que ayudan al estudiante a analizar información y aprender utilizando herramientas digitales. No obstante, la intersección entre inteligencia artificial y educación no tiene por qué ser un elemento negativo, existen

---

2   DICKIE, G. (2019), «The new institutional theory of art», en Aesthetics and the Philosophy of Art: The Analytic Tradition, An Anthology, John Wiley & Sons.

3   FISK, R. (2023), «The rise of ChatGPT and generative AI...».

posibilidades de integrar estas herramientas para maximizar la experiencia educativa y promover un ambiente de aprendizaje innovador. Este es el caso de las herramientas de IA generadoras de imágenes que, como mencionamos anteriormente, crean imágenes a partir de texto, lo cual presenta una oportunidad para la estimulación de la creatividad y la exploración de nuevas actividades que integren imagen y texto.

El objetivo de este ensayo es explorar los retos de la intersección de IA, arte y educación y proponer algunas oportunidades hacia futuro. Para lograr un análisis completo, me adentraré en la intersección de tecnología y arte, especialmente en el siglo xx. Luego, entraré de lleno en la de las tecnologías de IA con el arte y, posteriormente ofreceré unas consideraciones sobre la IA y la educación.

¿CREATIVIDAD? ORIGINALIDAD Y CREACIÓN

Kirby Ferguson planteaba que «todo es un remix»[4]. Su postura se basa en que nuestra cultura actual en general, pero la artística en particular, no parte de nuevos postulados o ideas, sino que es influenciado por lo que está creado por otro y lo adapta. En ese sentido no hay ninguna idea completamente original, sino que construimos sobre lo que ya está hecho. Esto no elimina la creatividad del artista al momento de crear su obra, pero nos ayuda a considerar las dinámicas de adaptación que se dan en el proceso de construcción de ideas. Cuando Miguel Ángel esculpía el David, lo hacía conociendo la escultura griega del periodo helenístico. El escultor sabía las características estéticas que le antecedían, incluyendo las esculturas medievales y las estéticas de culturas anteriores. Su creación es original, pero su obra de arte refleja la influencia de una estética anterior.

---

4   «AI and image generation (everything is a remix, part 4)», (2023). Consultado el 1 de noviembre de 2023. Disponible en línea en: https://www.youtube.com/watch?v=rswxcDyotXA

Por otro lado, la concepción de lo original no elimina la consideración del contexto en que se origina. Si queremos definir qué es arte o qué es un artista, deberemos tener una variedad de definiciones de acuerdo a la época que se analice. La idea de un artista en el Renacimiento italiano no es la misma que un artista contemporáneo. En gran medida, la llegada del arte conceptual en el siglo XX planteó un cuestionamiento en el ámbito teórico para establecer una definición del arte, los límites se hicieron más difusos y, además de las consideraciones estéticas, se incluyeron aspectos filosóficos.

La aparición de la inteligencia artificial no es la primera ocasión en que reflexionamos sobre el valor estético y artístico de un objeto o una obra. La famosa fuente de Marcel Duchamp es un vivo ejemplo de una obra cuya apreciación estética es conceptual y está directamente relacionada al artista que la «creó». La dicotomía fuente/urinal nos hace preguntarnos qué hace obra de arte a la primera. Ciertamente la génesis de la idea, el contexto de la exposición de la obra y el planteamiento conceptual y filosófico separan el urinal de la fuente y dan vida a la segunda dentro del mundo del arte.

En ese sentido nos obliga a preguntarnos si es posible tener un caso similar en el mundo de la inteligencia artificial, toda vez que no estamos en el escenario de las máquinas que se autogobiernan, tipo «Terminator», sino que estamos ante una tecnología avanzada que aún responde a comandos de texto de un ser humano. Por lo tanto, una imagen de inteligencia artificial creada a raíz de una idea de un humano, con un ejercicio conceptual y filosófico, con lineamientos específicos de la creatividad de un humano, ¿es arte?, ¿es original? Y, por otro lado, ¿qué usos puede tener la creación artística basada en inteligencia artificial dentro de la educación?

Las herramientas de inteligencia artificial como Dall-e, Midjourney y Stable Difusion, entre otros, hoy día son completamente accesibles a la gente y en algunos casos completamente gratis. La euforia de la creación de imágenes sorprendentes en segundos ha cautivado a las masas provocando que haya una cantidad de creaciones con elementos de apropiación que en algunos casos es más que evidente. Ese es el caso de las imágenes de portadas falsas de películas al estilo Pixar, que se han popularizado en días recientes[5]. El estilo Pixar no es un movimiento artístico, pero es un estilo estético dentro del arte digital que es conocido para la gente. Entonces la accesibilidad de estas herramientas para la creación de imágenes pasa del arte al puro entretenimiento efímero que solo tiene el objetivo, en muchos de los casos, de publicarse en las redes como un testimonio de «lo logré». En otros casos la motivación es económica: la sustitución de un profesional del diseño o del arte para obtener un resultado similar, pero a bajo o ningún costo.

Sin embargo, la accesibilidad de herramientas visuales como las que se producen con texto a imagen ha creado una variedad de oportunidades para el mundo educativo que, entre otras cosas, nos permiten explorar la creatividad de los estudiantes y al mismo tiempo aprender sobre estilos y movimientos artísticos. Cuando le pedimos a una inteligencia artificial que nos cree una pintura nos tenemos que preguntar ¿cuál pintura?, ¿en qué estilo o movimiento?, ¿con qué paleta de colores?, ¿en qué formato? Todas esas decisiones que le dejamos al algoritmo para que produzca la imagen por una especie de lotería de factores que no controlamos, son oportunidades de enseñanza para los estudiantes. Un ejercicio de creación artística con Dall-e o Midjourney podría dar pie a una discusión sobre estilos artísticos y movimientos del pasado.

Dicho de otra manera, cuando la instrucción es el único factor que controlamos, como es el caso de Dall-e y Midjourney (entre otros), toca saber lo que se pide. No es lo mismo pedir un paisaje como si fuera una pintura, que pedir, un paisaje marítimo, al óleo, con estilo impresionista, al estilo de Monet. Todas estas variables

5   NOVA, P. (2023), «The Disney Pixar AI meme: A controversial internet trend», en Filmschoolai. Modificado por última vez el 16 de octubre de 2023. Consultado el 20 de diciembre de 2023. Disponible en línea en: https://www.filmschool.ai/post/the-disney-pixar-ai-meme-a-controversial-internet-trend

dirigirán al modelo a atinar a la imagen deseada o pensada y, por lo tanto, quien provee las instrucciones debe poseer el conocimiento necesario y tener buenas destrezas de redacción. Y si los que proveen las instrucciones son estudiantes, los ejercicios de creación podrían promover el estudio de épocas, movimientos artísticos, estilos de diseño, etc., mientras ejercitan la destreza de la descripción detallada y el uso variado de vocabulario especializado.

LOS RETOS ÉTICOS

Las consideraciones éticas sobre el uso de la inteligencia artificial con el arte nos presentan uno de los retos más grandes cuando utilizamos este tipo de herramientas. No sabemos con qué imágenes han sido alimentados los modelos que usamos. No sabemos si el artista ha permitido el uso de su obra como parte del entrenamiento del algoritmo. Desconocemos los sesgos particulares de estos modelos hacia un estilo u otro. No tenemos información sobre los derechos de autor de una paleta de colores en particular y así podríamos seguir añadiendo variables que nos lleven a concluir que los resultados que obtenemos provienen de una cantidad incierta de factores.

Ya en el campo de la música, el cine y el vídeo se trabajan discusiones similares con el *deep fake* y la creación de canciones con voces de cantantes fallecidos, la construcción de personajes de películas a través del CGI para retornar a la pantalla a algún actor, o la creación de vídeos falsos que involucran personas de la realidad. La cuestión de la verdad sobre la creación artística cobra aún mayor importancia[6]. En este sentido es necesario abordar el as-

---

6 «ARTE E INTELIGENCIA ARTIFICIAL: ¿EL FIN DE LA CREATIVIDAD HUMANA?». Consultado el 1 de noviembre de 2023. Disponible en línea en: https://www.art-madrid. com/es/post/arte-e-inteligencia-artificial-el-fin-de-la-creatividad-humana; y SAVAGE, L. (2023), «La reproducción no es creatividad y la inteligencia artificial no es arte», en Jacobin Revista, 22 de junio de 2023. Consultado el 1 de noviembre de 2023. Disponible en línea en: https://jacobinlat.com/2023/06/22/la-reproduccion-no-es-creatividad-y-la-ia-no-es-arte/

pecto ético en el uso de las herramientas de inteligencia artificial cuando lo relacionamos a la educación.

Ciertamente, es necesario que la creación de imágenes en el contexto educativo se fundamente en la ética y en el uso responsable. Las estrategias educativas que utilicen la inteligencia artificial como herramienta principal, deberán conocer los grises éticos que existen cuando se generan imágenes cuya procedencia real no sabemos.

OPORTUNIDADES DE LA IA PARA LA EDUCACIÓN

Si bien hemos explorado lo concerniente a las dificultades de estas herramientas con el mundo del arte, el artista, la originalidad y la autoría, es necesario decir que estas herramientas proveen nuevas posibilidades para explorar la imaginación. La creación de imágenes con comandos de texto es un campo aún en construcción en cuanto a la creación de escenarios visuales que no existen. La inteligencia artificial generativa provee una especie de híbrido entre texto e imagen que estaba restringida a la literatura. La creación literaria nos permitía evocar espacios imaginados con descripciones en texto. Ahora, sin embargo, existe un nuevo medio con el cual no solamente evoco en la imaginación, sino que también materializo a través de la experiencia algorítmica de apropiación y reutilización.

Cada vez vamos conociendo mejor las posibilidades de la inteligencia artificial con respecto a la creatividad[7]. El estudio realizado por Vicente, Yague, Jara, *et al.* nos dice que a pesar de que las capacidades de estas herramientas son mayores que las de una persona, especialmente en la facilidad de procesar informa-

---

7   VICENTE-YAGÜE JARA, M. I. *et al.* (2023), «Writing, creativity, and artificial intelligence. ChatGPT in the university context», en Comunicar 31, nº. 77, 1 de octubre de 2023. Consultado el 20 de diciembre de 2023. Disponible en línea en: https://www.revistacomunicar.com/index.php?contenido=detalles&numero=77&articulo=77-2023-04

ción, a medida que un estudiante posea mayores capacidades para usar estas herramientas, podrá potenciar su creatividad y estimular sus destrezas.

La inteligencia artificial, particularmente en su capacidad de crear imágenes a partir de descripciones textuales, tiene la capacidad de retar no solo nuestras concepciones de arte y originalidad, sino también de transformar de manera significativa las prácticas educativas. Herramientas como Midjourney, Dall-e y Stable Diffusion han abierto una ventana de posibilidades para la enseñanza, permitiendo a los docentes ilustrar conceptos complejos y abstractos de manera visual y tangible[8].

En el ámbito educativo, utilizando el arte, por ejemplo, un docente puede utilizar estas herramientas para generar representaciones visuales de diferentes movimientos artísticos. En un escenario de clases, un estudiante podría comprender mejor las características de movimientos artísticos como el cubismo o el *pop art* cuando se presentan no solo como textos o imágenes estáticas, sino como una serie de obras generadas dinámicamente en respuesta a sus propias descripciones. Este tipo de interacciones con la inteligencia artificial no solo facilitarían el aprendizaje, sino que también podrían estimular la creatividad y la curiosidad intelectual[9].

Del mismo modo, en materias como la historia, la inteligencia artificial podría ofrecer una oportunidad para explorar la subjetividad de los eventos pasados. Los estudiantes podrían escribir descripciones de eventos históricos y ver cómo la inteligencia artificial interpreta y visualiza estas narrativas, lo que podría conducir a discusiones sobre las múltiples perspectivas y la interpretación

---

8   THOMAS, A., «Exploring the potential of DALLE in higher education», en LinkedIn. Consultado el 20 de diciembre de 2023. Disponible en línea en: https://www.linkedin.com/pulse/exploring-potential-dalle-higher-education-ajith-k-thomas-mba-phd--u6u2c/

9   «Midjourney for teachers: using AI in the classroom», (2023). Consultado el 20 de diciembre de 2023. Disponible en línea en: https://www.youtube.com/watch?v=GjPDFczYU8I

de la historia. Este tipo de metodologías interactivas fomentan un aprendizaje más profundo, promoviendo el pensamiento crítico y estimulando la creatividad en el proceso de aprendizaje.

En diversos contextos educativos la inteligencia artificial puede servir como un catalizador para el desarrollo del pensamiento y las habilidades de colaboración entre los propios estudiantes. Un docente puede presentar a los estudiantes oportunidades para describir detalladamente un escenario literario, un evento histórico, o alguna característica de un movimiento artístico, y permitir que los mismos estudiantes colaboren y analicen los resultados de las imágenes creadas.

De esta manera la integración de la inteligencia artificial en la educación nos lleva a reconsiderar la relación entre tecnología, creatividad y aprendizaje. Mientras que estas herramientas tienen la capacidad de generar «nuevas» obras basadas en parámetros definidos por los usuarios, se mantiene viva la pregunta de qué constituye la originalidad y la autoría en esta era digital y cómo esto afecta a la práctica educativa. Al igual que las obras de arte tradicionales, las creaciones de inteligencia artificial son un producto de su contexto, con la variable de que, en esta circunstancia, existe el elemento algorítmico en el proceso de creación. En este sentido, la inteligencia artificial no reemplaza la creatividad humana, sino que sirve como herramienta para estimularla y, por lo tanto, convertirse en una buena herramienta educativa.

Por lo tanto, en la intersección de la inteligencia artificial, el arte y la educación, no solo encontramos retos, sino también oportunidades y avenidas de exploración. La capacidad de las herramientas de inteligencia artificial para visualizar ideas abstractas provee espacios para fomentar un aprendizaje interactivo y participativo, y podría revolucionar la forma en que enseñamos y aprendemos. Este nuevo paradigma nos invita a repensar nuestros métodos pedagógicos y a explorar las posibilidades que estas tecnologías emergentes presentan para el futuro de la educación.

REFERENCIAS BIBLIOGRÁFICAS

DICKIE, G. (2019), «The new institutional theory of art», en *Aesthetics and the philosophy of art: The analytic tradition, an anthology*, John Wiley & Sons.

FISK, R. (2023), «The rise of ChatGPT and generative AI and what it means for schools», en *AASA Journal of Scholarship & Practice 20*, nº. 1 (Spring 2023), pp. 37-46.

NOVA, P. (2023), «The Disney Pixar AI meme: A controversial internet trend», en *Filmschoolai*. Modificado por última vez el 16 de octubre de 2023. Consultado el 20 de diciembre de 2023. Disponible en línea en: https://www.filmschool.ai/post/the-disney-pixar-ai-meme-a-controversial-internet-trend

SAVAGE, L. (2023), «La reproducción no es creatividad y la inteligencia artificial no es arte», en *Jacobin Revista*, 22 de junio de 2023. Consultado el 1 de noviembre de 2023. Disponible en línea en: https://jacobinlat.com/2023/06/22/la-reproduccion-no-es-creatividad-y-la-ia-no-es-arte/

THOMAS, A., «Exploring the potential of DALLE in higher education», en *LinkedIn*. Consultado el 20 de diciembre de 2023. Disponible en línea en: https://www.linkedin.com/pulse/exploring-potential-dalle-higher-education-ajith-k-thomas-mba-phd--u6u2c/

VICENTE-YAGÜE JARA, M. I. *et al.* (2023), «Writing, creativity, and artificial intelligence. ChatGPT in the university context», en *Comunicar 31*, nº. 77, 1 de octubre de 2023. Consultado el 20 de diciembre de 2023. Disponible en línea en: https://www.revistacomunicar.com/index.php?contenido=detalles&numero=77&articulo=77-2023-04

«AI and image generation (everything is a remix, part 4)», (2023). Consultado el 1 de noviembre de 2023. Disponible en línea en: https://www.youtube.com/watch?v=rswxcDyotXA

«ARTE E INTELIGENCIA ARTIFICIAL: ¿EL FIN DE LA CREATIVI-
DAD HUMANA?». Consultado el 1 de noviembre de 2023. Disponible en línea en: https://www.art-madrid.com/es/post/
arte-e-inteligencia-artificial-el-fin-de-la-creatividad-humana

«Midjourney for teachers: Using AI in the classroom», 2023.
Consultado el 20 de diciembre de 2023. Disponible en línea
en: https://www.youtube.com/watch?v=GjPDFczYU8I

EDUCAR EL CRITERIO: LA MEJOR HERRAMIENTA PARA CONTROLAR LA INTELIGENCIA ARTIFICIAL

MARÍA SOLANO ALTABA
UNIVERSIDAD CEU SAN PABLO

EDUARDO BAURA GARCÍA
UNIVERSIDAD CEU SAN PABLO

INTRODUCCIÓN

La inteligencia artificial ha irrumpido con fuerza en la escena mundial porque, aunque las compañías llevaban años trabajando en su desarrollo, iniciaron una carrera comercial sin precedentes para atraer cuanto antes el interés de un mercado que todavía no estaba copado. En los primeros meses de aplicación, el asombro y el miedo crecían a partes iguales, dando pie a lugares comunes como, por ejemplo, el sinfín de empleos que iban a desaparecer por la IA (Ayuso, 2014).

Para comprender la naturaleza del reto que se plantea, reto que permea de manera significativa en el ámbito de la enseñanza y, por tanto, del aprendizaje, el primer elemento que hay que comprender es qué significa el concepto de inteligencia artificial. En ese sentido, conviene señalar que el DRAE ha ido actualizando las definiciones de este concepto, hasta dar con la actual formulación, en la que la inteligencia artificial es descrita como la «disciplina científica que se ocupa de crear programas informáticos que ejecutan operaciones comparables a las que realiza la mente humana, como el aprendizaje o el razonamiento lógico» (Gómez-Pérez, 2023).

Por supuesto, aunque se utiliza el concepto muy gráfico de «inteligencia», no es comparable con la inteligencia humana, a la que supera en algunos aspectos –tiene capacidad de sintetizar un volumen enorme de conocimiento en pocos segundos–, pero no puede superarla en otros –carece de sentido común y no es capaz de elaborar juicios de valor–. Es artificial porque nada de lo que establece su funcionamiento, sus esquemas de razonamiento, su novedosa capacidad de aprendizaje o su gestión del contenido es de origen natural. Tampoco es natural el contenido sobre el que basa su conocimiento, que tiene que preexistir para poder ser utilizado. Es decir, puede compilar (con rapidez y eficacia), emular (sobre la base de una enorme cantidad de modelos), pero no descubrir lo que no está en la fuente de la que se nutre.

Por utilizar un símil, en un partido de fútbol, la inteligencia artificial servirá a un entrenador para conocer el porcentaje de acierto que se espera de los jugadores que tiene en un momento dado en el banquillo y en el campo y así hacer los cambios más oportunos. Pero no podrá decirnos qué está pasando por la cabeza del entrenador que está viendo en vivo cómo se mueve ese chico que se estrena como titular en el que aún no habían puesto grandes esperanzas, de modo que, como no había jugado casi, las estadísticas no arrojaban datos demasiado optimistas sobre él.

Las capacidades de la inteligencia artificial nos resultan insólitas no tanto por lo que consiguen, como por la rapidez y la facilidad con que lo consiguen. De hecho, muchas de las tareas que lleva a cabo la IA ya se podían realizar, pero llevaban mucho tiempo y necesitaban enormes recursos informáticos. Es decir, para determinadas tareas, la IA es lo que en economía se considera más eficaz: consigue el mismo resultado con menos recursos y en menortiempo.

Por ejemplo, al inicio de la andadura de la IA, una fotografía del papa Francisco vestido con un abrigo de una prestigiosa marca de moda de alta costura italiana dio la vuelta al mundo en pocos minutos. El retoque de la imagen era realmente bueno, pero nada que un experto en tratamiento digital de imágenes no pudiera haber hecho con un ordenador suficientemente potente y un programa informático adecuado. La gran novedad es que ahora, cualquier persona con acceso a una IA (y las empresas han puesto versiones gratuitas a disposición del público para generar un mayor conocimiento y una necesidad de uso), sin ningún conocimiento técnico y sin ningún requisito tecnológico más que una conexión a internet puede obtener los mismos resultados que antes estaban limitados a unos pocos especialistas, en un tiempo récord y sin necesidad de conocimientos previos.

De ahí el asombro: la inteligencia artificial democratiza el acceso a tecnologías muy potentes sin necesidad de inversión económica alguna ni formación específica. La democratización del conocimiento parece adecuada, pero esconde un problema. Una herramienta extraordinariamente poderosa, antes al alcance de solo unos pocos, es ahora accesible para todo el mundo, incluso para personas sin formación suficiente que pueden hacer un uso nocivo de esta tecnología. Es decir, esta herramienta puede ser también un arma. Antes de la IA también era posible que alguien utilizara la tecnología para hacer el mal –por ejemplo, falsificar un documento oficial–, pero había menos personas con acceso a esa herramienta y, por tanto, menos personas podían utilizarla como arma.

INTELIGENCIA ARTIFICIAL EN LA EDUCACIÓN

El debate sobre si utilizar la inteligencia artificial en el ámbito educativo tiene un recorrido corto: es cómodo, es gratis y es eficaz, luego es muy probable que los estudiantes lo utilicen. Se puede prohibir, pero aún habrá algunos que hagan uso de esta herramienta. Y por lo que se ha podido comprobar en los primeros compases de generalización del uso gratuito, es muy difícil detectar su utilización, salvo con estrategias adecuadas para establecer los enunciados de las tareas encargadas (Rivera, 2023).

Si luchar contra la IA va a resultar complicado, resultará más interesante explorar su potencial y los riesgos asociados a su utilización. Un primer aspecto que destacar es que ofrece una ventana abierta a un conocimiento casi ilimitado. Si internet cambió por completo la forma de llevar a cabo investigaciones académicas porque la sacó del entorno de la biblioteca (catalogada y verificada por los bibliotecarios) al caótico pero inmenso volumen de contenidos de la web, ahora la IA aporta un nuevo paso porque, en lugar del exceso informativo de una búsqueda tradicional, el usuario recibe un contenido más filtrado.

En el lado negativo, el estudiante que utiliza inteligencia artificial tiene que aprender a validar la información que recibe, porque la selección puede no ser adecuada y las fuentes no ser las correctas. En efecto, uno de los mayores problemas de la IA es que se caiga en el error de validar el primer resultado que ofrezca, sin una valoración crítica del contenido y sin contrastar los resultados.

Un segundo aspecto destacable es que, al ahorrar tiempo en tareas tediosas, la IA permite dedicarlo a otras más elaboradas, todo ello con menos esfuerzo. Sin embargo, el mismo elemento que resulta beneficioso puede tener perjuicios. En primer lugar, porque esas tareas aparentemente repetitivas son muy beneficiosas para que los estudiantes mejoren su atención y concentración (Fernández, 2022). Además, el descubrimiento del conocimiento que se producía con la investigación tradicional fomentaba la aparición de sinapsis mentales que ya no se van a producir. Por último, que se ahorre tiempo en algunas tareas no significa necesariamente que se utilice ese tiempo para mejorar los conocimientos y desarrollar nuevos resultados más creativos y elaborados. Habrá un porcentaje de estudiantes que se conformen con el mínimo recibido a través de la IA y no aportarán nada propio al contenido.

Por todos estos argumentos resulta imprescindible que el modelo educativo aporte algunos conocimientos, competencias, destrezas y habilidades que garanticen que, si se usa la IA, se haga con el criterio adecuado. Por eso defendemos que se fomente el pensamiento crítico a través de diferentes mecanismos.

Ahora bien, a la hora de hablar de la necesidad de fomentar el pensamiento crítico en nuestros alumnos, conviene añadir un matiz que no suele mencionarse: antes de enseñarles a juzgar de manera crítica la información y las opiniones que reciben de los demás, lo primero que tienen que hacer nuestros estudiantes es ser críticos con su propio pensamiento. En efecto, lejos de consistir en opinar libremente sobre una cuestión, como señala Juan Fernández, a menudo el verdadero pensamiento crítico exige abstenerse de emitir opiniones poco fundadas para centrarse en formarse un criterio formado al respecto, y entonces, y solo entonces, dar el paso de opinar con conocimiento de causa (Fernández, 2022).

Por ello, de cara a ayudar a nuestros alumnos a que formen un criterio propio que les permita surfear con éxito el tsunami que está suponiendo la IA, no se nos debe olvidar que el primer requisito consiste, precisamente, en enseñarles a pensar. Al pretender que desarrollen un pensamiento crítico antes de introducirles en los rudimentos de la propia acción de pensar, nos semejamos a unos padres que intentan enseñar a su hijo a correr antes de enseñarle a andar (Deleval, 2022).

El segundo ingrediente que no puede faltar en ese proceso educativo es enseñar a investigar. Esa competencia, básica en la mayoría de las asignaturas, es fundamental para construir el andamiaje del aprendizaje posterior. La noción investigadora es aún más necesaria ahora que la IA ofrece la oportunidad de limitar el tiempo y el esfuerzo dedicados a la investigación, porque sólo si se ha adquirido esta competencia, se podrá valorar adecuadamente si una investigación está bien hecha.

El desarrollo de la capacidad investigadora desde la infancia fomenta que se vayan construyendo las imágenes mentales a través de las sinapsis neuronales que se van desarrollando (Damasio, 2021). De esa manera, no sólo se consolida el conocimiento, sino que el descubrimiento de esa capacidad de aprender despierta en los estudiantes una mayor inclinación para el esfuerzo. Es la gratificación que produce el resultado.

La capacidad investigadora debe desarrollarse mediante métodos de indagación adaptados a cada edad: lecturas facilitadas, búsqueda en una selección de libros, búsqueda en el conjunto de una biblioteca, búsqueda en internet para aprender a validar y a contrastar fuentes, comparación de resultados obtenidos con otros compañeros... (Rodríguez-Mantilla, 2022). Estas estrategias de aprendizaje, sin utilización de la inteligencia artificial, son imprescindibles para que el estudiante pueda comprender cómo funciona el sistema de recolección de datos que va a utilizar la tecnología, y así logre discernir la validez de los resultados obtenidos (López de Mántaras, 2018).

Respecto al uso de la tecnología, los años posteriores a la pandemia nos han enseñado mucho sobre los pros y los contras de este sistema. El confinamiento obligatorio durante el tercer trimestre del curso 2019/2020 y los posteriores sistemas de doble presencialidad para mantener la distancia de seguridad y para cumplir con los aislamientos previstos por contagio o contacto con un contagiado de covid exigieron una transformación digital que se llevó a cabo en un tiempo récord, que vino a resolver una circunstancia sobrevenida y cuyas consecuencias no pudieron valorarse en ese momento.

No se puede demonizar el proceso seguido por los centros escolares y universitarios puesto que, si no hubiera habido digitalización, muchos alumnos habrían perdido buena parte del curso. Entre ellos, todos aquellos cuyos padres por estar trabajando no hubieran podido prestarles la atención debida para seguir de alguna otra forma con su proceso de aprendizaje.

La digitalización forzada obligó a hacer importantes inversiones que se sumaron a las que algunos centros habían hecho en los años precedentes. En no pocas ocasiones se fomentó el aprendizaje a través de nuevas tecnologías para amortizar un elevado gasto que no podía quedar obsoleto en menos de dos años. Por eso muchos colegios buscaron la manera de sacar partido a esas tecnologías y aplicar metodologías que resultaran más atractivas. Sin embargo, los malos resultados obtenidos tanto en España como en países del entorno en los sucesivos informes PISA demuestran que se ha perdido capacidad de aprendizaje en el proceso, aunque la tecnología no sea el único factor a tener en cuenta (Organización para la Cooperación y el Desarrollo Económicos [OCDE], 2023).

El paso del tiempo está demostrando que el sistema óptimo es mixto, con utilización de tecnología y, estudio y trabajo en el modelo tradicional. El aprendizaje tradicional tiene aspectos que garantizan el desarrollo neuronal, tales como la relación mano-ojo-cerebro que se establece al escribir a mano para tomar apuntes, realizar tareas y completar exámenes, o la capacidad de mejorar la atención cuando se dedica un tiempo mayor a la lectura, comprensión y memorización que a la mera realización de ejercicios (Ruiz, 2020).

Mantener el aprendizaje mediante libros y cuadernos no invalida la necesidad de aportar a los estudiantes el necesario aprendizaje digital. Las razones son múltiples. En primer lugar, tenemos que considerar que las generaciones llamadas «digitales», las que ya han nacido en entornos digitalizados con pantallas fácilmente accesibles, se mueven muy bien en determinados ámbitos, tales como las redes sociales o los videojuegos, pero tienen una cultura muy limitada de lo que tradicionalmente se conocía como «ofimática». En otras palabras, su competencia digital deja bastante que desear.

Es bueno que aprendan a utilizar los programas informáticos que van a ser su día a día en los puestos de trabajo, porque se los van a exigir. Y no es necesario que para aprender a manejar esta tecnología tengan una asignatura específica que reste horas lectivas a las demás. Basta con que se den unas nociones básicas en cualquier materia en la que tengan que realizar un trabajo:

un texto escrito y bien presentado, con citación de fuentes, una presentación para una exposición oral, una tabla de datos para extraer conclusiones de un experimento, un gestor de páginas web para presentar los resultados de un proyecto...

Otra razón para aportar conocimientos tecnológicos en la etapa escolar es el llamado proceso de alfabetización digital. Aunque este fenómeno compete también a las familias, los centros educativos pueden apoyar a su consecución. La alfabetización mediática permite discernir cuál es la mejor manera de utilizar la tecnología para cada finalidad, da las estrategias adecuadas para enfrentarse a los retos que se puedan plantear y enseña cuál es el comportamiento más adecuado ante el fenómeno digital. Es un proceso en el que el pensamiento crítico se convierte en la clave porque hay que dar a los niños y adolescentes las herramientas suficientes para tomar decisiones en entornos en los que no están acompañados por un adulto, sino que toman decisiones por su cuenta.

Muy vinculado con el fenómeno de la alfabetización está el de la socialización mediática, que ha cambiado sustancialmente desde la irrupción del entorno multipantalla (Serrano Oceja & Solano-Altaba, 2016). La socialización mediática es el fenómeno por el que los individuos se van introduciendo en el ámbito social, comprendiendo su realidad, estableciendo las jerarquías de valores que le permiten desentrañarla para analizar cada situación y tomar una decisión meditada. Muchos de los retos a los que se enfrenta una persona a lo largo de su vida son nuevos, no ha podido aprender de la experimentación. Eso no significa que no tenga unos conocimientos previos al respecto, puesto que los ha adquirido por muy diversas fuentes, tales como la información o el entretenimiento obtenidos a través de los medios de comunicación, la lectura, la participación en encuentros y conferencias... Es decir, el ser de la persona no se construye solamente con lo que vive a título individual, sino que se completa con las experiencias ajenas que conoce e interpreta a través de los medios de comunicación.

El proceso de socialización mediática antaño se producía de manera fundamental en compañía de la familia por una cuestión de mera limitación tecnológica: la única pantalla que había en el hogar era compartida. Esto permitía a los niños y adolescentes enfrentarse a un contenido que no sabían interpretar en compañía de los adultos de referencia, que podían contextualizar lo que se estaba viendo, hacer valoraciones morales, explicar la trascendencia de lo acaecido o traducir a un lenguaje más adecuado contenido complejos.

Con la irrupción de las nuevas tecnologías, y muy especialmente la popularización del uso de dispositivos digitales en menores, bien para realizar tareas escolares (portátiles, *chromebooks* y tabletas), bien como entretenimiento (tabletas y *smartphones*), cada miembro de la familia tuvo la oportunidad de poder ver siempre el tipo de contenido que deseaba en su propia pantalla. Ya no fue necesario ceder, ni ponerse de acuerdo. Todos los miembros de la familia podían estar contentos, cada uno disfrutando de lo que quería, cuando quería.

Pero no se tuvo en cuenta que se había roto ese proceso de socialización mediática tan importante en niños y adolescentes. Empezaron a enfrentarse a contenidos que no sabían interpretar. Aparecían en sus redes sociales, en sus plataformas de series de ficción, y ningún adulto estaba ya allí para decirles si aquello estaba bien o mal, si tenía consecuencias, si era razonable... Con la alfabetización mediática se pretende paliar esta laguna para que dispongan de más herramientas para su socialización.

EDUCAR EL PENSAMIENTO CRÍTICO PARA LA INTELIGENCIA ARTIFICIAL

Los educadores se encuentran con el reto de formar a los alumnos para utilizar, evaluar, criticar y superar una tecnología que ellos mismos no conocen lo suficiente, que ha llegado para quedarse y que ejerce un importante atractivo entre los menores que muy pronto comprenden el ahorro de esfuerzo que les supone. Por eso es necesario que la formación del pensamiento crítico se convierta en una prioridad en el modelo educativo. Proponemos centrar la atención en las siguientes cuestiones:

1. **Desarrollo del razonamiento lógico.** Para ser críticos, los estudiantes tienen que aprender a poner en cuestión la información que reciben, contrastarla con otras fuentes, refutar aquellas hipótesis que no se sostienen, aplicar el modelo científico a la realidad que les rodea...

   Con estas herramientas adquieren la capacidad de llevar a cabo las investigaciones pertinentes, colegir conclusiones a partir de resultados y desarrollar sus propios argumentos, al tiempo que aprenden a evaluar críticamente los resultados obtenidos por otros, incluidos los que les proporciona la inteligencia artificial.

2. **Saberes humanísticos.** Lejos de lo que pueda parecer, el entorno digital no ha acabado con las humanidades. Muy al contrario, les ha devuelto a estos estudios un lugar preferencial en el elenco de saberes que tienen que adquirir los estudiantes. La persona mejor preparada, la más culta, en el sentido clásico del término, es la que está en mejor disposición de descubrir un engaño cuando se produce, de valorar con más acierto cualquier acción y de comprender la trascendencia de cada circunstancia. Además, los saberes humanísticos dotan de conocimientos amplios que ayudan a resolver situaciones complejas. El razonamiento discursivo de los estudiantes está mejor estructurado. De ese modo, los menores consiguen descubrir lagunas en los razonamientos que les pueda plantear la IA, corregirlas y cambiarlas.

3. **Realidad de la inteligencia artificial.** Toda la comunidad educativa –docentes, alumnos y directivos de los centros– tiene que tomar conciencia de la situación porque, como

ha ocurrido en otras ocasiones, no mirar al problema no hará que desaparezca. Por eso hace falta conocer la realidad a la que se van a enfrentar los estudiantes para estar mejor preparados para hacerle frente.

Este compromiso tendrá que venir también de la mano de las familias, sin cuyo apoyo no es posible que el compromiso adquirido tenga continuidad. Y se hace necesario trasladar a los estudiantes cuáles son las virtudes y cuáles los riesgos potenciales de una tecnología tan nueva que aún no está explorada y mucho menos legislada.

Pero hay un aspecto fundamental que los niños, adolescentes y jóvenes tienen que comprender antes de iniciarse en el uso de la IA: si todo lo que hacen lo puede hacer la IA o si se conforman con lo que la IA ha hecho por ellos, no estarán aportando valor añadido al sistema y, en consecuencia, no encontrarán cuál es el trabajo por el que les van a pagar. Si, al contrario, consiguen utilizar la IA como un apoyo a su trabajo, una aportación que mejora su eficacia y les permite dedicar más tiempo a tareas más creativas o de desarrollo, estarán en la mejor posición para hacer frente al mundo adulto.

4. **Aplicación práctica para evitar la picaresca.** Uno de los problemas de la IA es que facilita la picaresca. Pongamos un ejemplo: donde antes un estudiante copiaba y reescribía el texto de la enciclopedia en la biblioteca con un esfuerzo por su parte porque tenía que utilizar tiempo, bolígrafo y papel, hoy un estudiante sólo tiene que hacer clic para extraer un resumen que es difícilmente localizado como plagio.

Por eso los centros educativos tienen que ser creativos para sacar partido a los beneficios de la IA sin tener miedo a los perjuicios. Por ejemplo, se les puede pedir que utilicen la IA como punto de partida para buscar argumentos para defender una causa y construir a partir de esa causa en el aula.

Para valorar el trabajo en último término y comprobar si se han interiorizado los contenidos, hay algunas estrategias interesantes para evitar el abuso, como establecer tiempos ajustados para contestar determinadas preguntas o solicitar una exposición oral al término de un proyecto. También se les pueden pedir enunciados que la IA no pueda rastrear en internet, pues solo un grupo concreto de alumnos conoce cómo hacer una referencia a un ejemplo extraño utilizado en una de las clases, es decir, conectar la búsqueda de información en el entorno digital con conocimientos no digitales.

CONCLUSIÓN

La inteligencia artificial, como cualquier herramienta digital, no es en sí mala o buena, depende del uso que se le dé en el entorno educativo. El gran reto que plantea es que necesita que el usuario valore con cuidado los resultados obtenidos y, para lograrlo, necesita estar plenamente formado en la capacidad de pensamiento crítico.

El debate sobre si introducir aspectos de IA en la educación es poco fructífero. Las multinacionales que proporcionan estos sistemas están dispuestas a ofrecerlos de manera gratuita para ganar adeptos –y para, de paso, hacerse con los datos de los usuarios, pues cuando un producto es gratuito, en realidad el cliente es el verdadero producto–, luego es probable que los estudiantes tiendan a usar un sistema que les proporciona rapidez con muy poco esfuerzo.

Por eso es importante que la comunidad educativa esté preparada para hacerle frente a esta realidad y, sobre todo, desarrolle el itinerario formativo más adecuado para que los estudiantes estén preparados para hacer un uso ético de estas herramientas, para no convertirlas en armas y, para entenderlas como un apoyo para su posterior aportación académica que depende del valor de su trabajo.

REFERENCIAS BIBLIOGRÁFICAS

AYUSO, M. «¿Nos quitarán los robots el trabajo en 2025? El veredicto de los principales expertos», *El Confidencial,* (11 de agosto de 2014). Disponible en línea en: https://www.elconfidencial.com/alma-corazon-vida/2014-08-11/nos-quitaran-los-robots-el-trabajo-en-2025-el-veredicto-de-los-principales-expertos_173890/

DAMASIO, A. (2021), *Sentir y saber. El camino de la consciencia,* Ediciones Destino.

DELEVAL, T. (2022), *Distraídos,* Aguilar.

FERNÁNDEZ, J. (2022). *Educar en la complejidad,* Plataforma Editorial.

GÓMEZ-PÉREZ, A. (2023, 21 de mayo). *Inteligencia artificial y lengua española* [Discurso de ingreso], Real Academia Española. Disponible en línea en: https://www.rae.es/sites/default/files/2023-05/Discurso%20de%20ingreso%20de%20Asuncion%20Gomez-Perez.pdf

LÓPEZ DE MÁNTARAS, R. (2019), «El futuro de la IA: Hacia inteligencias artificiales realmente inteligentes», en VV. AA., *¿Hacia una nueva Ilustración? Una década trascendente,* BBVA Open Mind-Turner. Disponible en línea en: https://www.bbvaopenmind.com/wp-content/uploads/2019/02/BBVA-OpenMind-Ramon-Lopez-de-Mantaras-El-futuro-de-la-IA-hacia-inteligencias-artificiales-realmente-inteligentes.pdf

ORGANIZACIÓN PARA LA COOPERACIÓN Y EL DESARROLLO ECONÓMICO (2023), *PISA in Focus 123. Nuevos resultados de PISA: Cómo fortalecer los sistemas educativos tras la pandemia.* Disponible en línea en: https://sede.educacion.gob.es/publiventa/d/27154/19/1

RIVERA, A., «Cómo detectar si un texto está redactado por inteligencia artificial», *La Vanguardia,* (5 de julio de 2023). https://www.lavanguardia.com/tecnologia/20230705/9083736/como-detectar-texto-esta-redactado-inteligencia-artificial-pvlv.html

RODRÍGUEZ MANTILLA, J. M. (2022), «La competencia investigadora en los estudiantes universitarios», en *Aula Magna 2.0.* [Blog]. Disponible en línea en: https://cuedespyd.hypotheses.org/10645

RUIZ, H. (2020), *¿Cómo aprendemos? Una aproximación científica al aprendizaje y la enseñanza*, Editorial Grao.

SERRANO OCEJA, J. F., SOLANO ALTABA, M. (2016), «Familia y medios de comunicación. El encuentro de dos minorías creativas», en *Opción: Revista de Ciencias Humanas y Sociales*, Extra (12), pp. 638-660.

DESAFÍOS ÉTICOS EN LA INTELIGENCIA ARTIFICIAL EDUCATIVA

PABLO GONZÁLEZ RICO
UNIVERSIDAD CEU SAN PABLO

MIREIA LLUCH SINTES
UNIVERSITAT DE VALÈNCIA

INTRODUCCIÓN

En el ámbito educativo actual, la integración de la tecnología y la inteligencia artificial ha transformado la enseñanza, pero presenta desafíos éticos. Este análisis se adentra en la relación compleja entre la inteligencia artificial y la ética, centrándose en preocupaciones clave.

La privacidad de la información estudiantil surge como una preocupación primordial debido a la amplia recolección de datos para personalizar la enseñanza. La equidad y el sesgo algorítmico representan desafíos fundamentales. La transparencia en las decisiones, la claridad en los objetivos, la explicabilidad de los algoritmos y la participación de comités éticos externos son esenciales para garantizar una toma de decisiones justa. La formación ética continua para los educadores es vital, ya que desempeña un papel crucial en la identificación y prevención de posibles errores éticos.

En este artículo se pretenden explorar los desafíos éticos vinculados a la inteligencia artificial educativa, al mismo tiempo que se busca presentar propuestas concretas y éticas para superarlos; así como introducir la necesidad de contemplar la IA en educación como una oportunidad para favorecer la inclusión de personas con discapacidad intelectual.

En el dinámico panorama educativo contemporáneo, la integración de la tecnología y la inteligencia artificial (IA) ha impulsado cambios sustanciales, redefiniendo la forma en que se concibe la enseñanza y el aprendizaje. Sin embargo, este avance vertiginoso no está exento de desafíos éticos que generan preocupación en la comunidad científica y educativa, como señalan Selwyn *et al.* (2022).

El presente análisis se sumerge en los complejos vínculos entre la IA y la ética, explorando detenidamente las preocupaciones que rodean su implementación en el ámbito educativo.

En primer lugar, la privacidad de los datos del estudiante se erige como una preocupación fundamental. La capacidad de la IA para generar contenido educativo preciso y personalizado implica una recopilación significativa de datos estudiantiles. Este desafío ético se desglosa en un trinomio esencial de recopilación ética, seguridad y destrucción de datos, donde la responsabilidad institucional, las inversiones en seguridad y la participación activa de los estudiantes y sus familias en el control de sus datos se presentan como medidas esenciales.

Seguidamente, la equidad y el sesgo algorítmico constituyen otro aspecto crítico en la intersección entre IA y ética educativa. La importancia de modelos equitativos, métricas de equidad y auditorías continuas emerge como esencial para identificar y mitigar sesgos involuntarios. En este sentido, la colaboración activa entre desarrolladores de *software*, docentes, estudiantes y familias se presenta como un enfoque clave para abordar esta compleja problemática.

En el contexto de la inclusión, la IA en la educación puede ser una herramienta poderosa para favorecer la inclusión de estudiantes con discapacidad intelectual. No obstante, este avance debe ir acompañado de medidas concretas, como el diseño universal, adaptabilidad a diferentes estilos de aprendizaje, interfaces accesibles y sistemas de evaluación adaptados.

La formación ética continua para los docentes se posiciona como un requisito ineludible en este panorama evolutivo. Conscientes de las implicaciones asociadas con la IA, los docentes desempeñan un papel crucial en la detección y prevención de posibles errores éticos.

En conclusión, la intersección entre la inteligencia artificial y la educación plantea desafíos incuestionables. Para abordarlos de manera efectiva, se requiere un enfoque integral que involucre tanto medidas técnicas y normativas como la participación y la formación ética constante de todos los actores educativos. Este análisis tiene como objetivo principal abordar los desafíos éticos asociados con la inteligencia artificial educativa, así como proponer soluciones y prácticas concretas para enfrentarlos, involucrando a todos los actores clave en el proceso.

INTELIGENCIA ARTIFICIAL EN EDUCACIÓN

Resulta imprescindible abordar los siguientes aspectos a la hora de relacionar la IA en la educación con componentes éticos (Selwyn *et al.* 2022).

PRIVACIDAD DE LOS DATOS DEL ESTUDIANTE

La IA precisa de gran cantidad de información para poder generar contenido de calidad y, aplicado al ámbito educativo, es precisamente dicha recopilación de datos de los estudiantes, la que supone recelo en términos de privacidad (Ruaro y Reis, 2020;

Vilas y Camacho, 2022). Resulta fundamental la garantía de que los datos personales de los estudiantes se encuentren bajo el amparo del Reglamento General de Protección de Datos (RGPD).

En términos de recopilación de datos, existe un trinomio que debe ser tenido en consideración: recopilación, seguridad y destrucción de datos.

1. **Recopilación.** Con la tecnología presente tanto dentro como fuera del aula, las instituciones educativas tienen fácil acceso a una gran cantidad de datos del alumno: información sociodemográfica, trayectoria académica o historial de navegación, entre otros. Por lo tanto, una recopilación ética de la información, sin acumular datos innecesarios sobre el alumno que puedan llegar a vulnerar su privacidad, supone un desafío para la comunidad educativa.

2. **Seguridad.** Las brechas de seguridad de la información pueden acarrear problemas de privacidad graves al exponer datos sensibles de estudiantes, muchos de ellos, además, menores de edad.

3. **Almacenamiento y destrucción de datos.** Determinar el momento idóneo acerca de cómo, dónde y durante cuánto tiempo se deben almacenar los datos, así como cuándo y de qué manera se destruirán los archivos de manera definitiva con información del estudiante plantea dónde la ética y la legalidad deben encontrarse alineadas.

Ante estos tres retos complejos, se proponen posibles vías que podrían dirigirse a aclarar los dilemas éticos.

En primer lugar, es responsabilidad de las instituciones minimizar los datos que se recopilan, ciñéndose exclusivamente a la información necesaria para alcanzar los objetivos de aprendizaje marcados por la comunidad educativa.

En segundo lugar, las prácticas de seguridad deben ser entendidas como una inversión, y no como un coste. Es de gran relevancia invertir en una seguridad de datos sólida como, por ejemplo, el cifrado y la autenticación de doble factor.

Por último, los estudiantes y/o sus familiares, cuando proceda, deberían tener la posibilidad de acceder a sus datos, así como solicitar su eliminación cuando así consideren, siempre cumpliendo con la legislación vigente.

A pesar de tratarse de retos complejos, si las instituciones educativas toman la decisión de apoyarse en los avances tecnológicos para favorecer y mejorar el aprendizaje de los alumnos, estas mismas instituciones deben garantizar un entorno de aprendizaje seguro y privado, planteándose y respondiendo a estas cuestiones éticas.

EQUIDAD Y SESGO ALGORÍTMICO

Los algoritmos que alimentan la IA podrían llegar a presentar sesgos, aún sin intención, que tengan implicación directa en la enseñanza (Degli Esposti, 2021). Por lo tanto, se debe disponer de una certeza absoluta de que la tecnología utilizada no discrimina ni etiqueta a estudiantes en función de su género, raza, etnia o religión.

La IA se nutre de la información pública disponible en internet, por lo que, si se mantienen informaciones desactualizadas, de épocas o etapas en las que hubiese menor concienciación y control en lo que a sesgo racial, religioso o de género se refiere, pudiera darse la situación de que la IA no sólo mantuviese dichos sesgos, sino que además los perpetuase.

Este dilema debe ser contemplado, por lo que algunos de los retos pendientes podrían ser:

1. Los desarrolladores de software deberían trabajar en modelos de IA equitativos, que incluyan métricas de equidad tanto en el diseño como en la evaluación de los modelos.

2. Asegurar que los datos utilizados para alimentar la IA son representativos de toda la población estudiantil, tanto en términos de género, raza, etnia o religión.

3. Auditar de manera continua. La realización de auditorías que identifiquen y mitiguen estos sesgos podría favorecer una utilización más justa y mejor direccionada, puesto que la IA actual es incapaz de marcar restricciones y limitaciones adecuadas al mismo nivel que lo hace una persona (Cukier *et al.* 2021).

Abordar la problemática del sesgo algorítmico únicamente puede entenderse mediante un enfoque continuo y colaborativo. Resulta fundamental que tanto programadores, como docentes, como estudiantes y familiares trabajen colaborativamente para garantizar la equidad para todos los estudiantes.

RESPONSABILIDAD EN LA TOMA DE DECISIONES

La responsabilidad en la toma de decisiones es una cuestión estructural que debe resolverse con claridad previamente al uso de la tecnología, para responder a preguntas como la asignación de responsabilidades en caso de errores.

La transparencia es un término que debe acompañar a la toma de decisiones de la IA. Transparencia entendida tanto desde la comprensión por parte del usuario acerca de cómo toma decisiones la IA, como desde la claridad en la definición de quién es el responsable de las decisiones tomadas por la IA en el ámbito educativo y, por lo tanto, saber a quién se puede reclamar en caso de ser necesario.

Además, si el usuario, en este caso el estudiante, consigue comprender gracias a dicha transparencia, cómo la IA consigue hacer recomendaciones u obtener determinadas conclusiones, puede utilizarse como gran atractivo del aprendizaje, puesto que los estudiantes podrán obtener enriquecimiento al conocer el razonamiento que hay detrás de la IA.

Para contribuir a una toma de decisiones basada en la IA de manera transparente, debería definirse de forma clara cuáles son los objetivos de la IA aplicables al ámbito educativo; utilizar algoritmos en la IA que sean explicables, es decir, que los usuarios puedan comprender cómo se ha llegado a un determinado punto; así como establecer comités éticos externos que evalúen los procesos y las decisiones desde una perspectiva justa.

Sin embargo, aun cumpliendo con todos los requisitos de transparencia, la asignación de responsabilidades ante un error provocado por una base generada mediante IA es un problema complejo en el que participan varios actores y las responsabilidades deben depurarse correctamente (Hernández Zuluaga, 2021).

Por ello, resulta imprescindible abordar una serie de impactos que cada uno de dichos actores presentan sobre la IA educativa:

1. **Docentes.** El docente debería asumir un papel de facilitador y supervisor de los aprendizajes generados a través de la IA, ayudando al alumno a interpretar los resultados proporcionados por la IA y a tomar decisiones personales en función de las informaciones obtenidas mediante IA.

   No obstante, esto no significa que el docente deba tener impunidad absoluta, pues debe entenderse la tecnología como una herramienta que puede enriquecer la actividad de aprendizaje, pero en ningún caso debería reemplazar la toma de decisiones humana (Leão *et al.* 2022).

2. **Instituciones.** Las instituciones educativas también juegan un papel importante, puesto que deberían proporcionar la formación necesaria a los docentes para hacer un uso correcto de la tecnología utilizada, así como asegurarse de que dicha tecnología aplicada en las aulas cumpla con los más estrictos niveles éticos.

3. **Estudiantes y familias.** Los estudiantes deberían utilizar la tecnología para el uso que los docentes les marquen; y sus familias involucrarse en el tipo de herramientas que sus hijos están utilizando para favorecer su aprendizaje.

4. **Desarrolladores de software.** Por último, deberían contemplarse también como actor principal a los desarrolladores de software que diseñan los sistemas de IA que serán utilizados en las instituciones educativas; puesto que podrían cometerse algunos errores por defectos en el diseño de la tecnología o en los sesgos algorítmicos, anteriormente descritos (Benjamins y Salazar, 2020).

INCLUSIÓN

Una de las grandes utilidades de la IA aplicada al sector de la educación puede enfocarse hacia la atención de las necesidades de estudiantes con discapacidad intelectual, favoreciendo así la inclusión de dichos estudiantes. Sin embargo, para que esta inclusión sea posible, deberían tenerse en consideración diferentes aspectos que fomenten una inclusión real y no incrementen la separación actual entre estudiantes sin discapacidad intelectual y estudiantes con discapacidad intelectual.

Algunos de estos aspectos podrían ser:

1. **Diseño universal.** Si realmente se pretende conseguir una IA educativa inclusiva, la tecnología debería ser utilizable por el grueso de la población, sin necesidad de obtener adaptaciones adicionales al diseño original ya que, de esta manera, se continuaría con la exclusión.

2. **Aplicable a distintos estilos de aprendizaje.** La IA no debería recoger un único estilo de aprendizaje, sino que ésta debería disponer de la capacidad de adaptarse a distintos

estilos de aprendizaje y que el estudiante tuviese la opción de elegir el estilo que mejor se adapte a sus necesidades (Salazar y Benjamins, 2021).

3. **Interfaz accesible.** La experiencia de usuario debería ser accesible para personas con distintos tipos de discapacidad intelectual o física, aportando distintas opciones de personalización como, por ejemplo, tamaños de textos ajustables, utilización de lectores de pantalla, posibilidad de invertir colores o eliminar las imágenes en movimiento.

4. **Sensibilidad cultural.** La IA puede ser utilizada por una amplia variedad de estudiantes, los cuales pueden tener un contexto cultural muy distinto, por lo tanto, la IA educativa debe tener la capacidad de adaptarse a dichas diferenciaciones.

5. **Sistemas de evaluación.** Las actividades evaluables del aula generadas a través de IA deben, igualmente, ser accesibles y adaptadas a los estudiantes (Acurio *et al.* 2022), incluyendo ajustes en el formato de la evaluación o adaptando el sistema de *feedback* (Ospina Gutiérrez y Aristizábal, 2021).

La IA educativa dispone del potencial para acortar o, incluso, eliminar la distancia entre los estudiantes sin discapacidad intelectual y aquellos que sí la tienen. Sin embargo, para conseguirlo deberían contemplarse las cuestiones anteriormente planteadas, así como la incorporación a este proceso tanto de docentes como de profesionales del sector sociosanitario. Los primeros por el motivo de que es posible que precisen de recibir formación acerca de cómo utilizar la IA de manera efectiva con personas con discapacidad intelectual y, los segundos, para cerciorarse de que la IA está siendo desarrollada de manera óptima para favorecer el aprendizaje de las personas que forman parte de este colectivo.

FORMACIÓN ÉTICA PARA DOCENTES

Los profesionales de la educación deben recibir formación acerca de las cuestiones éticas que puedan generarse ante información generada a través de IA. Además, esta formación permitirá a los docentes guiar a sus estudiantes a la hora de comprender los retos morales o éticos que se relacionan con la tecnología, cumpliendo así con una de las premisas de todo docente: formación en valores.

Los trabajadores del sector educativo deben ser conscientes de las implicaciones éticas que la IA puede presentar, tales como privacidad, sesgo algorítmico, equidad o responsabilidades en la toma de decisiones, entre otros. Y es precisamente esa toma de conciencia un factor que puede contribuir en la detección y prevención de posibles errores éticos, en el desarrollo e implementación de la IA en el sector educativo.

CONCLUSIONES

Enfrentar los desafíos éticos en el campo de la inteligencia artificial educativa demanda la implementación del consentimiento informado para garantizar que estudiantes, padres y docentes estén plenamente informados sobre la gestión de datos y la protección de la privacidad. Se propone establecer prácticas éticas en la recopilación de datos, invertir en seguridad y proporcionar a los estudiantes el control sobre sus datos, en conformidad con las normativas vigentes.

Además, es vital respaldar la detección de conflictos éticos en la IA educativa con un canal de denuncia accesible para estudiantes, padres y docentes, promoviendo así la transparencia y la rendición de cuentas. La realización de auditorías éticas periódicas se vislumbra como una herramienta eficaz para identificar y mitigar sesgos algorítmicos, asegurando una utilización equitativa de la tecnología.

La transparencia en la toma de decisiones por parte de la inteligencia artificial es crucial, requiriendo la definición clara de objetivos educativos, la utilización de algoritmos explicables y la instauración de comités éticos externos. Además, la asignación de responsabilidades en caso de errores debe ser abordada con claridad, involucrando a docentes, instituciones, estudiantes y desarrolladores de software.

En relación con la inclusión, la IA educativa puede enfocarse en atender las necesidades de estudiantes con discapacidad intelectual. Se proponen medidas como el diseño universal, la adaptabilidad a diferentes estilos de aprendizaje, interfaces accesibles y sistemas de evaluación adaptados. Así mismo, la colaboración entre la tecnología, docentes y profesionales sociosanitarios es esencial para lograr una auténtica educación inclusiva.

Finalmente, se destaca la importancia de la formación ética continua para los docentes, siendo fundamental para abordar los desafíos éticos asociados con la IA educativa. Esta conciencia contribuirá a la detección y prevención de posibles errores éticos en el desarrollo e implementación de la inteligencia artificial en el sector educativo. En síntesis, se requiere la participación activa y la formación ética constante de todos los actores involucrados en el proceso educativo.

REFERENCIAS BIBLIOGRÁFICAS

ACURIO, W. P. *et al.* (2022), «Implementación de la inteligencia artificial (IA) como Recurso Educativo», en *RECIMUNDO*, 6 (2), pp. 402-413.

BENJAMINS, R. y SALAZAR, I. (2020), *El mito del algoritmo. Cuentos y cuentas de la inteligencia artificial*, Ediciones Anaya Multimedia. Disponible en línea en: https://bit.ly/3QfzhwR

CUKIER, K., MAYER-SCHÖNBERGER, V. y DE VERICOURT, F. (2021), *Framers. La virtud humana en la era digital*, Turner Publicaciones S. L. Disponible en línea en: https://bit.ly/3OWbocD

DEGLI ESPOSTI, S. (2021), «El rol del análisis de género en la reducción de los sesgos algorítmicos», en *ICE, Revista de Economía*, 921. Disponible en línea en: https://doi.org/10.32796/ice.2021.921.7265

HERNÁNDEZ ZULUAGA, J. C. (2021), «Can machines think? Inteligencia artificial y derecho de daños», en *Revista e-mercatoria*, 19 (1), pp. 3-36. Disponible en línea en: https://doi.org/10.18601/16923960.v19n1.01

LEÃO, H. M. C., GALLO, J. H. da S., y NUNES, R. (2022), «La bioética se enfrenta hoy a enormes desafíos», en *Revista Bioética*, 30 (4), pp. 695-696. Disponible en línea en: https://doi.org/10.1590/1983-80422022304000es

OSPINA GUTIÉRREZ, J. P. y ARISTIZÁBAL, E. (2021), «Aplicación de inteligencia artificial y técnicas de aprendizaje automático para la evaluación de la susceptibilidad por movimientos en masa», en *Revista Mexicana de Ciencias Geológicas*, 38 (1), pp. 43-54. Disponible en línea en: https://doi.org/10.22201/cgeo.20072902e.2021.1.1605

RUARO, R. L. y REIS, L. (2020), «Los retos del emprendimiento en la era de la inteligencia artificial», en *Veritas*, 65 (3).

SALAZAR, I. y BENJAMINS, R. (2021), *El algoritmo y yo. Guía de convivencia entre seres humanos y artificiales*, Ediciones Anaya Multimedia. Disponible en línea en: https://bit.ly/3BU2VUL

SELWYN, N. *et al.* (2022), «¿Por qué no todo es (ni debe ser) digital? Interrogantes para pensar sobre digitalización, datificación e inteligencia artificial en educación», en *SocArXiv*. Disponible en línea en: https://doi.org/10.31235/osf.io/vx4z

VILLAS, M. y CAMACHO, J. (2022), *Manual de ética aplicada en inteligencia artificial*, Anaya Multimedia. Disponible en línea en: https://bit.ly/3vx7kZF

INTELIGENCIA ARTIFICIAL EN LA ACADEMIA: RETOS DOCENTES Y OPORTUNIDADES PARA LA INVESTIGACIÓN

PAVEL SIDORENKO BAUTISTA
UNIVERSIDAD INTERNACIONAL DE LA RIOJA

INTRODUCCIÓN

Hablar hoy de inteligencia artificial generativa es hablar de un proceso de evolución tecnológica que lleva varios años en progreso. Como refieren Chui *et al.* (2023) ChatGPT, GitHub Copilot, Stable Diffusion y otras herramientas similares que captan la atención pública actual no son la única manifestación del fenómeno: desde hace mucho tiempo, por ejemplo, los dispositivos móviles vienen integrando aplicaciones de IA en muchos de los productos y servicios que utilizamos a diario, como cancelación activa de ruido, mejoras en la cámara fotográfica, administración de archivos, etc.

Sin embargo, ello no es lo único fácil de identificar, pues los sistemas de conducción autónoma de los coches o herramientas de marketing como CRM y sistemas enfocados en clientes también han sido parte del avance.

Estos autores señalan (p. 4) como uno de los hitos más significativos, el hecho de que AlphaGo, una inteligencia artificial desarrollada con participación de Google (basada en IA desarrollada por DeepMind) derrotara a un campeón mundial del milenario juego «Go» en 2016 (De Jorge, 2016).

La inteligencia artificial generativa se refiere a la herramienta tecnológica que crea contenidos de manera intuitiva y autónoma en respuesta a solicitudes específicas realizadas –de momento– por los humanos. Unos contenidos que pueden ser de carácter gráfico, multimedia y audiovisual, o textual. En esencia, se trata de una herramienta inicialmente diseñada para mejorar o acelerar aspectos inherentes a las rutinas laborales o determinados procesos creativos (Döpfner, 2023).

Esto ha llevado a que un conjunto más amplio de partes interesadas esté lidiando con el impacto de la IA generativa en las empresas y la sociedad, pero sin mucho contexto que les ayude a darle sentido (Chui *et al.* 2023).

La obtención de los resultados esperados se produce a partir de los *prompts*, es decir, un conjunto de detalles e instrucciones que permiten a la inteligencia artificial conocer con mayor o menor precisión cuál es el resultado deseado por parte del usuario.

En el contexto de estas tecnologías, ChatGPT ha sido una de las más destacadas desde finales de 2022, especialmente porque se ha puesto a disposición del público de manera intuitiva y accesible, facilitando así su rápida adopción.

En este sentido, ChatGPT ha actuado como un catalizador en el proceso de enseñanza y formación. Su irrupción ha sido trascendental ya que, por ejemplo, ha logrado alcanzar los 100 millones de usuarios en tan solo 2 meses, en contraste con otras plataformas y tecnologías que han requerido años para lograr una adopción e interés similar de los públicos (Figura 1).

Un recurso generativo de texto como ChatGPT conlleva la capacidad de estructurar frases coherentes y entablar diálogos con los usuarios, exhibiendo un grado suficiente de autonomía y competencia para simular el comportamiento humano. No obstante, a pesar de su aparente sofisticación, se ha constatado que sus respuestas presentan imprecisiones significativas, llegando en ocasiones a ser inventadas, fenómeno denominado como «alucinaciones» (Jiao *et al.* 2023; Shahriar y Hayawi, 2023).

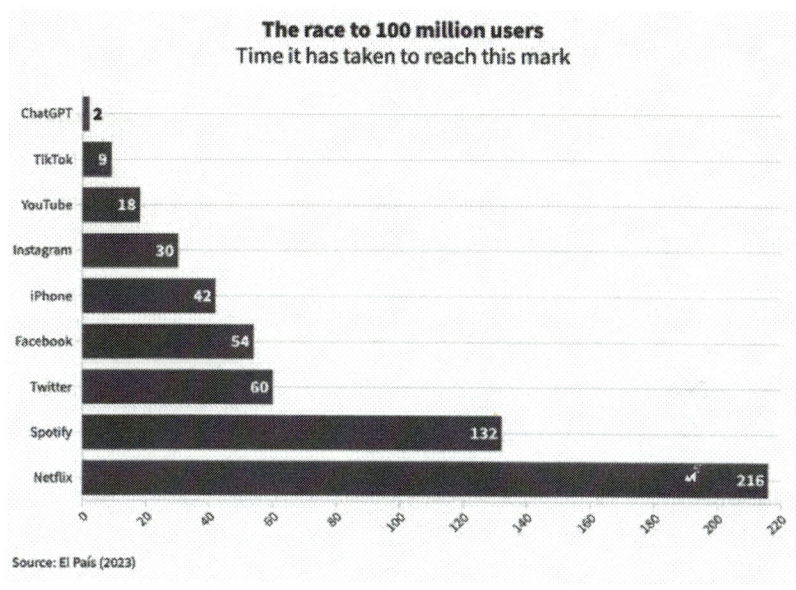

The race to 100 million users
Time it has taken to reach this mark

Platform	Months
ChatGPT	2
TikTok	9
YouTube	18
Instagram	30
iPhone	42
Facebook	54
Twitter	60
Spotify	132
Netflix	216

Source: El País (2023)

FIGURA 1.
Tiempo (en meses) que han tardado diversas plataformas y tecnologías
en alcanzar los 100 millones de usuarios.
Fuente: ChatGPT Impact Project (www.chatgptimpact.com)

Como todo sistema de inteligencia artificial generativa, el alcance y aporte de ChatGPT es variado y abarca diversos intereses profesionales y personales. De acuerdo con Shahriar y Hayawi (2023), éstos incluyen sanidad, educación, investigación, programación informática, periodismo, así como también economía y diseño de negocios (Chui *et al.* 2023).

En cualquier caso, su capacidad permite agilizar la elaboración de materiales y recursos complementarios, aunque particularmente en el ámbito académico y científico, ChatGPT ha emergido como una herramienta que añade valor a la exploración y clasificación de fuentes (Lopezosa *et al.* 2023), así como a la aproximación a determinados temas y conceptos.

Sin embargo, este tipo de tecnologías también plantean cuestionamientos éticos y de privacidad, como por ejemplo, posibles sesgos en las respuestas, usos poco escrupulosos por parte de los usuarios, así como la administración indebida de datos personales por parte de los responsables de estos recursos (empresas tecnológicas y programadores independientes), dado el significativo interés en participar en este proceso tanto por parte del público como de los actores tecnológicos desde 2022 hasta 2023.

En el primer semestre de 2023 el crecimiento de herramientas y programas publicados en internet sobre la base del código de ChatGPT fue exponencial, especialmente con enfoque en aquellos destinados a facilitar y optimizar diversas rutinas profesionales como la redacción y administración de correos electrónicos, elaboración de *prompts* con diversos intereses, entre otros.

Comparison of app and tool production with ChatGPT during the first semester of 2023

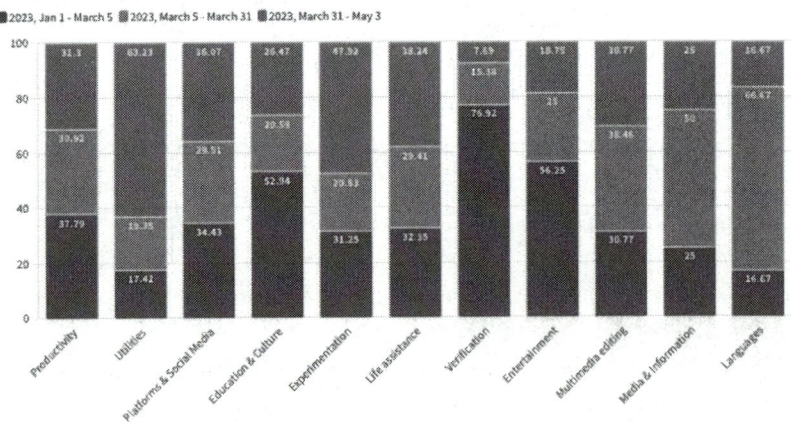

Source: ChatGPT Impact project • Date of data collected: January 1, 2023–May 3, 2023

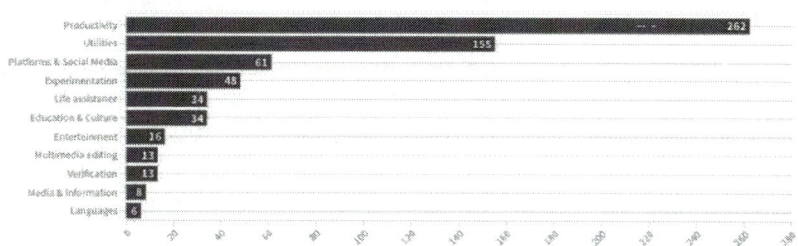

Number of tools created with ChatGPT 2023

Source: ChatGPT Impact project • Date of data collected: January 1, 2023-May 3, 2023

Figuras 2 y 3.

Creation of ChatGPT –based tools and resources by category,
between January 1, 2022 and May 3, 2023–.
Fuente: ChatGPT Impact Project (www.chatgptimpact.com)

Las búsquedas en Google sobre el tema son fiel vitrina del interés suscitado por este tipo de aplicaciones (Figura 4): el interés en el término «ChatGPT» guarda una similitud considerable con el de «inteligencia artificial» y supera con creces a herramientas similares de la competencia como «Bing» (Microsoft) o «Bard» (Google).

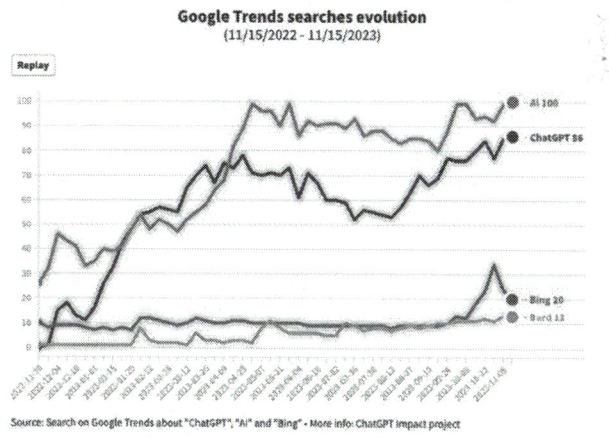

Source: Search on Google Trends about "ChatGPT", "AI" and "Bing" • More info: ChatGPT impact project

Figura 4.

Google searches for the terms «AI», «ChatGPT», «Bing», and «Bard»
between November 15, 2022, and November 15, 2023.
Fuente: ChatGPT Impact Project (www.chatgptimpact.com)

HACER CIENCIA E IMPARTIR CONOCIMIENTO A PARTIR DEL USO DE LA INTELIGENCIA ARTIFICIAL

Si bien ya se ha señalado el hecho de que no siempre ChatGPT o cualquier otra inteligencia artificial generativa debe ser utilizada como el fin último, Castillo González (2022) sí que destaca su capacidad en gran cantidad de ocasiones, para generar respuestas coherentes y naturales ante dudas sobre temas específicos, aunado al potencial para ayudar a comunicar la investigación de forma más clara y accesible al público en general, es decir, como refuerzo en el proceso de divulgación.

Hablaríamos entonces de una herramienta aproximativa ante temas concretos, y un recurso para la asistencia de determinados procesos inherentes a la investigación. No obstante, ninguna de estas herramientas –al menos hoy en día– puede realizar investigaciones científicas originales ni sustituir por completo la redacción de artículos científicos, correspondiente al sentido crítico humano.

En su edición de finales de diciembre de 2022, la newsletter del investigador y profesor de la UOC, Javier Guállar, recogía impresiones sobre la violenta irrupción de ChatGPT y otras IAs generativas, donde incluso se advertía que ello representaba un cambio de paradigma en lo que correspondía al trabajo científico en concreto (trato de fuentes, evaluaciones, etc.) (véase https://bit.ly/3R3egrr).

Las IAs están dirigidas a la mejora de la comunicación científica:

1. Ayudando a los científicos y académicos a mantenerse actualizados con las últimas investigaciones y desarrollos en su campo de trabajo.

2. Al recopilar y resumir automáticamente artículos científicos y otras publicaciones relevantes para una mejor clasificación y manejo de dichas fuentes.

3. Traducir trabajos desde idiomas con los que los investigadores estén poco familizariados.

4. Mejorar la redacción de artículos y escritos de carácter científico.

Aunque no son los únicos fines y usos.

Torres y Arroyo (2023) son más específicos al respecto en su manual de ChatGPT aplicado a la investigación y educación universitaria.

1. Automatización de tareas administrativas: automatización de tareas como la programación, las respuestas de correo electrónico y otras tareas administrativas rutinarias.

2. Generación de contenidos académicos: creación de contenidos para conferencias, presentaciones y materiales educativos.

3. Ayudar en la redacción científica: redacción de artículos científicos, incluyendo la generación de títulos, resúmenes, palabras clave y frases concisas para la presentación de artículos.

4. Desarrollo de material didáctico: generación de materiales de clase, preparación de exámenes y diseño de cursos.

5. Mejora de la evaluación de los estudiantes: apoyo para el cambio hacia la evaluación de los estudiantes en creatividad, aplicación directa del conocimiento y verificación de la información.

6. Asesoramiento metodológico y análisis de datos: orientación metodológica, análisis de datos y sugerencia de estadísticas descriptivas, comentarios de tablas y representaciones gráficas.

7. Asistencia a la programación: generación de código, depuración y asistencia con herramientas de programación.

8. Asistencia con herramientas ofimáticas: orientación con el uso de software de oficina.

9. Interpretación y generación de imágenes: interpretación y generación de recursos gráficos.

A ello, Lopezosa (2023) agrega que este tipo de recursos permiten igualmente automatizar y facilitar procesos como la codificación de datos cualitativos y el análisis de documentos en formato PDF, acelerando específicamente la revisión de la literatura y otros aspectos del trabajo investigativo.

Por tanto, se podría afirmar que este tipo de herramientas apuntan incluso a una mayor democratización de la ciencia y un mayor empoderamiento de los usuarios ante los recursos digitales, donde la automatización de los procesos es uno de los mayores atributos y beneficios.

Se trata de contar con asistentes multifacéticos que puedan incluso reforzar ese proceso de arqueo y selección advertido por Lopezosa (2023), aunque con la salvedad de que a veces los resultados no coincidan entre ellos.

Sin embargo, a sabiendas de la veloz evolución de esta tecnología, al momento de suscribir estas líneas, algunas herramientas y recursos específicos y de interés al respecto podrían ser (sin mencionar aquellas relacionadas con creación gráfica o multimedia):

Categoría	Herramienta de IA	Breve descripción	Acceso
Investigación	ChatPDF	Herramienta sobre el código de ChatGPT que resume documentos de PDF y búsqueda de respuestas específicas dentro de ellos.	https://www.chatpdf.com/
Investigación	Consensus	Herramienta que se enfoca en la investigación científica revisada por pares y publicada. Lee documentos científicos y extrae los hallazgos clave, proporcionando un análisis instantáneo de la información.	https://consensus.app/search/
Investigación	Elicit	Permite la conversación inteligente sobre un tema de investigación. Propone trabajo con base a términos asociados. Búsqueda de documentos sobre palabras clave concretas y resumen de las ideas principales de una investigación.	https://elicit. com/?workflow=table-of-papers
Investigación y docencia	Grammarly	Herramienta de inteligencia artificial que ayuda a los usuarios a mejorar su escritura en inglés. Revisa la ortografía, la gramática, la puntuación, la claridad, el compromiso y los errores de entrega en textos en inglés, detecta el plagio y sugiere reemplazos para los errores identificados. Permite personalizar su estilo, tono y lenguaje específico del contexto.	https://app.grammarly.com/

Categoría	Herramienta de IA	Breve descripción	Acceso
Investigación	Humata	Herramienta sobre el código de ChatGPT que resume documentos de PDF; permite comparación de documentos y búsqueda de respuestas específicas dentro de ellos.	https://www.humata.ai/
Investigación y docencia	Listening	Herramienta que permite pasar cualquier archivo PDF a formato audio para ser consumido como si fuera un pódcast.	https://www.listening.io/
Investigación y docencia	Paperpal	Ayuda a los investigadores a mejorar la calidad de sus manuscritos y artículos científicos. Revisa la gramática avanzada, sugerencias de lenguaje específico del contexto, corrección de errores de ortografía y puntuación, y una evaluación de la claridad y el compromiso del texto. Proporciona escritura generativa que ayuda a los usuarios a crear esquemas, generar ideas y reescribir textos	https://edit.paperpal.com/
Investigación	Perplexity	Buscador conversacional. De carácter gratuito, proporciona respuestas precisas y concisas a preguntas complejas.	https://www.perplexity.ai/
Investigación	Proofig	Revisión de imágenes automatizada para publicaciones científicas.	https://www.proofig.com/

Categoría	Herramienta de IA	Breve descripción	Acceso
Investigación	Research Rabbit	Herramienta para búsqueda y organización de información científica para investigadores, estudiantes y profesionales en diferentes campos. Lee documentos científicos y extrae los hallazgos clave, proporcionando un análisis instantáneo de la información.	https://www.researchrabbit.ai/
Investigación	Scite	Con base en el código de ChatGPT, ayuda a los investigadores, estudiantes y evaluadores a descubrir y evaluar artículos científicos a través de Citaciones Inteligentes, las cuales permiten a los usuarios ver cómo se ha citado una publicación proporcionando el contexto de la cita y una clasificación que describe si proporciona evidencia de apoyo o contrastante para la afirmación citada. Scite.ai también permite a los usuarios buscar declaraciones de citas, crear paneles de control, verificar referencias y visualizar redes de investigación.	https://scite.ai/assistant?utm_source=google&utm_medium=cpc&utm_campaign=brand&utm_term=scite&gclid=Cj0KCQiA67CrBh-C1ARIsACXAa8SrUd0lypnTQmZR-diB8YYz4RU-N3nzwSQ3rGCkazUkb-QUutHdKdC5QaAgnLEALw_wcB

TABLA 1.

Listado de algunos recursos y herramientas de inteligencia artificial aplicadas al contexto y necesidades académicas

Fuente: Elaboración propia

Todo ello se justifica si se toma en consideración que cada año a nivel global los investigadores dedican más de 15 millones de horas para revisar artículos (American Journal Experts, 2018), cada año se envían 1,2 millones de manuscritos a 2.300 revistas de Elsevier (Tedford, 2015) y, alrededor del 20% de los investigadores biomédicos realizaron entre el 69% y el 94% de las revisiones por pares de trabajos de investigación en 2015 (Kovanis *et al.* 2016).

RECOMENDACIONES, DESAFÍOS Y PROSPECTIVAS

Si bien es cierto que todas estas herramientas y recursos proponen una ayuda inestimable en lo concerniente a las responsabilidades académicas, también albergan desafíos y limitaciones que deben considerarse constantemente y ser parte de un debate activo.

Para Lopezosa (2023) un desafío importante es garantizar la aplicación ética de la inteligencia artificial generativa en la comunicación académica, específicamente en lo que concierne a la autoría y los aspectos metodológicos de la investigación. Para el autor es imperativo avanzar con la misma velocidad en el análisis de estos aspectos.

No se puede desestimar el hecho de que la integración de estas herramientas en el trabajo de investigación diario vulnere la rigurosidad del diseño de la investigación, la recopilación de datos y la redacción final de artículos.

El foco debería estar sobre la necesidad de un uso honesto, integral y transparente de la IA en la comunicación científica, con amplio respaldo de la comunidad científica y académica con base en la ética como pensamiento crítico para sostener una aplicación responsable de herramientas de inteligencia artificial de carácter generativo.

Estas consideraciones éticas incluyen mantener la verificación humana, desarrollar reglas para el uso responsable de la IA y garantizar la transparencia en la aplicación de métodos, la recopilación de datos y la interpretación de los resultados, en virtud de que muchas de estas herramientas, como en el caso específico de ChatGPT, no declaran las fuentes de información ni los corpus textuales de los que extrae información y formula respuestas, lo que afecta la verificabilidad de la información y la calidad de las fuentes, aspectos esenciales en la ética de la investigación (Lopezosa, Codina y Ferrán, 2023).

Aunado a ello, está la reproducción de sesgos presentes en sus datos de entrenamiento sin el debido contraste del pensamiento crítico que es esencial para los investigadores humanos.

En términos de diseñar «indicaciones» para interactuar con inteligencias artificiales generativas, es fundamental establecer un contexto y operar con la práctica de volver a hacer preguntas, lo que implica elaborar instrucciones precisas y bien pensadas para guiar a la IA en la generación de respuestas relevantes (Baidoo-Anu y Owusu, 2023).

Los profesores e investigadores pueden garantizar el uso seguro y constructivo de estas herramientas en el aula y conferencias, integrando estas tecnologías en las prácticas pedagógicas y de evaluación de forma que mejoren el aprendizaje al tiempo que mantienen la integridad académica (Baidoo-Anu y Owusu, 2023), como, por ejemplo, a través del uso e integración de *bots* conversacionales de carácter temático.

Uno de los enfoques consiste en aprovechar las capacidades que ofrecen las inteligencias artificiales para la proposición de preguntas abiertas que se ajusten a los objetivos de aprendizaje, así como para generar rúbricas de calidad que expliquen claramente lo que los estudiantes deben lograr para alcanzar distintos niveles de competencia.

En resumen, los principales desafíos se concentran en:

1. **Falta de transparencia:** Las decisiones tomadas por la IA no siempre son inteligibles para los humanos.

2. **Sesgo:** Las decisiones basadas en la IA pueden ser susceptibles a inexactitudes, resultados discriminatorios y sesgos preestablecidos.

3. **Privacidad:** La gestión de la privacidad de los datos utilizados por la IA generativa puede ser un desafío.

Las experiencias, herramientas y recursos de inteligencia artificial generativa hoy están en muchos casos en etapa experimental. La mayoría pide a los usuarios registrarse y, en muchos casos para sacarle verdadero provecho, exigen suscripciones de diversa índole (afiliar método de pago), lo que alberga mucha incertidumbre en el terreno de la ciberseguridad.

A la hora de utilizar estas herramientas para la búsqueda y clasificación de información, los resultados siempre deben ser considerados con carácter referencial. A través de la Figura 5 se puede acceder a un experimento de discrepancias en los resultados de Bard, Perplexity y Bing Chat durante 2023, con respecto a la recopilación de datos para una investigación en ciencias sociales.

FIGURA 5.

Prueba de resultados con diferentes inteligencias artificiales generativas en investigación en ciencias sociales.
Fuente: Elaboración propia

REFERENCIAS BIBLIOGRÁFICAS

American Journal Experts (2018), «Peer review: How we found 15 million hours of lost time». Disponible en línea en: www.aje.com/en/arc/peer-review-process-15-million-hours-lost-time/

BAIDOO-ANU, D. y OWUSU A., L. (2023), «Education in the era of the generative artificial intelligence (AI): Understanding the potential benefits of ChatGPT of promoting teaching and learning», en *Journal of AI*, 7 (1), pp. 52-62.

CASTILLO GONZÁLEZ, W. (2022), «ChatGPT y el futuro de la comunicación científica», en *Metaverse Basic and Applied Research*, pp. 1-8. Disponible en línea en: https://doi.org/10.56294/mr20228

CHUI, M. *et al.* (2023), «The economic potential of generative AI», en *McKensy & Company*. Disponible en línea en: https://scholar.google.es/scholar?hl=es&as_sdt=0%2C5&q=uses+of+generative+ai&btnG=#:~:text=The%20economic%20potential%20of%20generative%20AI

DE JORGE, J., «Un ordenador de Google vence al campeón mundial de un juego milenario», en *ABC*, (9 de marzo de 2016). Disponible en línea en: https://www.abc.es/ciencia/abci-ordenador-google-vence-campeon-mundial-juego-milenario-201603091056_noticia.html

DÖPFNER, M., «Por qué la inteligencia artificial mejorará el periodismo», *Business Insider*, (20 de septiembre de 2023). Disponible en línea en: https://www.businessinsider.es/inteligencia-artificial-mejorara-periodismo-1307212

JIAO, W. *et al.* (2023), «Is ChatGPT a good translator? A preliminary study», en *arXiv Prepirint*. Disponible en línea en: https://doi.org/10.48550/arXiv.2301.08745

KOVANIS, M. *et al.* (2016), «The global burden of journal peer review in the biomedical literature: Strong imbalance in the collective enterprise», en *PLoS One*, 11 (11), e0166387. Disponible en línea en: https://doi.org/10.1371/journal.pone.0166387

LOPEZOSA, C. (2023), «ChatGPT y comunicación científica: Hacia un uso de la inteligencia artificial que sea tan útil como responsable», en *Hipertext.net*, 26, pp. 17-21. Disponible en línea en: https://doi.org/10.31009/hipertext.net.2023.i26.03

LOPEZOSA, C., CODINA, Ll. y FERRÁN, F. N. (2023), *ChatGPT como apoyo a las systematic reviews: Integrando la inteligencia artificial con el framework SALSA*, Universitat de Barcelona.

SHAHRIAR, S. y HAYAWI, K. (2023), «Let's have a chat! A conversation with ChatGPT: Technology, applications, and limitations», en *Artificial Intelligence and Applications*, 0 (0), pp. 1-10. Disponible en línea en: https://doi.org/10.47852/bonviewAIA3202939

TEDFORD, A. (2015), «Rolling out our new editorial system: Elsevier find out how the new system will help reviewers streamline their workload», en *Elsevier*. Disponible en línea en: www.elsevier.com/connect/reviewers-update/rolling-out-our-new-editorial-system-evise

TORRES, S. D. y ARROYO, M. W. (2023), *Manual de ChtGPT: Aplicaciones en investigación y educación universitaria. Versión 1.1.*, Universidad de Granada.

LA INTELIGENCIA ARTIFICIAL Y EL DESAFÍO DE LA EDUCACIÓN DEL SIGLO XXI. LA NECESARIA TRANSFORMACIÓN DE LA OFERTA Y EL MODELO EDUCATIVO UNIVERSITARIO

MARÍA JESÚS LAGO ÁVILA
UNIVERSIDAD CEU SAN PABLO

INTRODUCCIÓN

La inteligencia artificial (IA) está transformando el mercado laboral al que se enfrentan nuestros estudiantes universitarios. La automatización de ciertos trabajos hará desaparecer empleos, pero también creará nuevas oportunidades laborales y una movilidad social y económica para la que los actuales universitarios aún no están preparados. Este texto reflexiona sobre los cambios necesarios que debe abordar el modelo educativo universitario para adaptar su oferta formativa a las demandas que impone el mercado laboral a los estudiantes egresados. Según los últimos datos del *Word Economics Forum* (2023) una cuarta parte de los puestos de trabajo cambiaran en los próximos cinco años. De hecho, el 23% de la fuerza laboral tendrá que buscar una nueva profesión desde la actualidad hasta el 2027 debido a que su posición se extinguirá. Desaparecerán 83 millones de empleos, aunque también se crearán 69 millones de nuevas oportunidades laborales relacionadas con la tecnología y la IA. La realidad futura demandará un número cada vez mayor de especialistas en IA, en aprendizaje automático, en seguridad de la información y en manejo de todo tipo de herramientas de IA. Una demanda que será cada vez mayor en la medida en la que estas tecnologías vayan desarrollándose. En los próximos cinco años más del 60% de los trabajadores tendrán que recibir formación específica en tecnologías exponenciales para poder mantener sus empleos. La IA cambiará la demanda de los perfiles de los candidatos a un puesto de trabajo.

Los datos de LinkedIn muestran que aquellos perfiles en los que las habilidades y conocimientos en IA aparecen en los currículos son los más demandados del mercado por los reclutadores. Los perfiles más demandados en los últimos años han sido aquellos en los que el candidato mostraba conocimientos en IA. La demanda de este tipo aumentó en un 190% entre 2017 y 2019 (Berger, 2019). La pregunta clave, es cómo las universidades, su profesorado, sus planes de estudio y su oferta de grados y másteres se adaptará a esta nueva realidad.

En un entorno profesional cada vez más competitivo los estudiantes deberán estar preparados para enfrentarse a los desafíos de un nuevo modelo de mercado laboral. Ese desafío pasará necesariamente por el conocimiento y manejo de herramientas y programas de IA. Los estudiantes deberán adquirir habilidades y conocimientos que les permitan adaptarse a un mercado laboral en continua transformación. Los planes de estudio universitarios deberán estar diseñados para proporcionar a los estudiantes habilidades y conocimientos demandados por las empresas y centrados en el manejo de programas y herramientas de IA (González-González, 2023).

En este nuevo contexto, a lo largo de toda su vida, los alumnos egresados deberán continuar formándose, no sólo en habilidades y conocimientos transversales, sino que también en IA en un proceso de aprendizaje continuo. La formación reglada junto, con la experiencia laboral como forma de aprendizaje, permitirá a los estudiantes adquirir competencias, habilidades y conocimientos prácticos claves en su éxito profesional. Los estudios de grado y máster deberán estar diseñados para proporcionarles la oportunidad de adquirir práctica profesional y formación en IA.

Aunque es importante que los estudiantes universitarios desarrollen habilidades blandas como la capacidad de trabajar en equipo, la capacidad de comunicarse efectivamente, la capacidad de resolver problemas, etc., en la actualidad es aún más necesario que se acostumbre a manejar programas de IA que serán cada vez más frecuentes en los entornos laborales en los que compitan. Las universidades que los integren en su programación educativa garantizarán a sus futuros egresados una más rápida y exitosa carrera profesional. El conocimiento y dominio de herramientas de IA mejorará la capacidad de progresión profesional de los estudiantes que salgan al mercado laboral. La IA les brindará información y análisis precisos en todos los campos en los que trabajen y será imprescindible para seguir desempeñando el mismo puesto de trabajo en el que estén en cada momento y etapa profesional.

LA SITUACIÓN ACTUAL DE LA IA EN LAS UNIVERSIDADES

Para poder saber qué tienen y qué necesitan los futuros egresados es necesario conocer, en el panorama universitario español actual y en el internacional, qué universidades incorporan en su oferta de estudios de grado y máster, así como en sus especialidades, asignaturas o materias, programas o herramientas de IA.

En España hay 83 universidades[10], a través del análisis de sus páginas web y revisando las guías docentes de grado y máster de su oferta educativa hemos identificado aquellos centros que ofrecían grados, másteres, o asignaturas dentro de planes de estudios que integraban el conocimiento de herramientas y programas de IA y que formaban a los alumnos en estas competencias.

---

10   De las cuales 50 son públicas (47 presenciales, 1 no presencial y 2 son especiales) y 33 de ellas son privadas (28 presenciales y 5 no presenciales).

De las 83 universidades españolas mencionadas sólo 18 de ellas (el 21,6% de las mismas) ofrecen estudios de grado relacionados con la IA. Este es el caso centros como la Escuela Técnica Superior de Ingenieros Informáticos (Madrid), la Escuela Técnica Superior de Ingeniería de Sistemas Informáticos (Madrid), la Facultad de Ingeniería (Bizkaia), el Centro de Estudios Superiores IE (Madrid), la Facultad de Ciencias Humanas, Sociales y de Comunicación (Segovia), la Facultad de Informática (Barcelona), la Facultad de Informática (A Coruña), la Escuela Técnica Superior de Ingeniería (A Coruña), la Escuela Politécnica Superior (Madrid), la Escuela de Arquitectura y Tecnología (Huesca), la Escuela Superior de Ingeniería Informática (Ourense), la Escuela Politécnica Superior (Alicante), la Facultad de Informática (Gipuzkoa), la Facultad de Informática (Madrid), la Escuela Técnica Superior de Ingeniería Informática. Campus de Móstoles (Madrid), la Escuela Técnica Superior de Ingeniería (ICAI) (Madrid), y la Escuela de Ingenierías Industrial, Informática y Aeroespacial (León), según los datos del Ministerio de Educación a 2023.

En el caso de los estudios de máster el número es algo mayor. Son 21 centros los que ofrecen este tipo de estudios (el 25,30%) en másteres especializados en IA. Estos másteres se ofertan en los centros de Facultad de Derecho (A Coruña), Departamento de Sistemas Informáticos y Computación (Valencia), Facultad de Informática (Barcelona), Escuela Técnica Superior de Ingenieros Informáticos (Madrid), Escuela Técnica Superior de Ingeniería Informática (Sevilla), Escuela Superior de Ingeniería y Tecnología (La Rioja), Centro de Posgrado de la Universidad Internacional Menéndez Pelayo (Madrid), Escuela Técnica Superior de Ingeniería Informática (Madrid), Escuela Técnica Superior de Ingeniería Informática (Málaga), Escuela Técnica Superior de Ingeniería (Tarragona), Escuela Superior de Ingeniería Informática (Ourense), Escuela de Másteres Oficiales (Madrid), Escuela Superior de Ingeniería, Ciencia y Tecnología (Valencia/València), Escuela Politécnica Superior (Alicante), Escuela de Posgrado (Madrid), Centro de Postgrado (Madrid), Escuela Superior de Ingeniería y Tecnología (La Rioja), Facultad de Matemáticas e Informática (Barcelona), Facultad de Informática (A Coruña), Escuela Técnica Superior de Ingeniería (A Coruña), Escuela Técnica Superior de Ingeniería (Tarragona). En el caso de asignaturas sueltas de IA dentro de planes de estudios de grado o posgrado sólo la Universidad Carlos III, la Universidad Pública de Navarra, la Universitat Oberta de Catalunya y la Universidad Europea (el 4,8% del total de universidades) ofrecen este tipo de oferta.

Estos datos muestran que en la actualidad en el panorama universitario español la oferta de estudios que permiten adquirir este tipo de herramientas es aún muy baja, particularmente en comparación con el contexto mundial. Según la UNESCO, existen alrededor de 19.000 universidades en todo el mundo[11], entre ellas algunas de las mejores ya ofrecen estudios y programas especializados en la IA. Según un estudio publicado por MPost[12] las mejores universidades del mundo para estudiar un grado en IA son las universidades de Stanford, la Universidad Carnegie Mellon en Pennsylvania, el Instituto de Tecnología de Massachusetts (MIT), la Universidad de California, la Universidad de Toronto, la Universidad de Oxford, la Universidad de Tsinghua, la Universidad de Illinois, la Universidad del Sur de California, y la Universidad de Washington, entre otras. También tienen programas pioneros en IA las universidades de California-Berkeley, la Universidad de Míchigan-Ann Arbor, la Universidad de Cambridge y la Universidad de Edimburgo. Todas ellas cuentan con programas de estudios de grado y máster en inteligencia artificial.

---

11 Si bien es una cifra aproximada ya que hay que tener en cuenta que este número puede variar según el criterio utilizado para definir lo que se considera universidad.

12 GONCHARENKO, V., «10 mejores universidades para estudiar inteligencia artificial», en *Metaverse Post*, (20 de marzo de 2023). Disponible en línea en: https://www.mpost. io/es/10-best-universities-to-study-artificial-intelligence/; MIT Sloan México, «Las 10 mejores universidades para estudiar IA en el mundo», en *Mundo Ejecutivo*, (9 de marzo de 2023). Disponible en línea en: https://mundoejecutivo.com.mx/business/las-10-mejores-universidades-para-estudiar-inteligencia-artificial-en-el-mundo/

Como se evidencia, incluso a nivel internacional, va a ser necesario hacer un gran esfuerzo por reforzar la oferta educativa y revisar el contenido de los planes de estudio para adaptarse a lo que va a demandar el mercado laboral en los próximos años. Será necesario incluir formación específica en IA en todos los programas universitarios si queremos preparar a los estudiantes para el mundo del futuro.

En la oferta universitaria anteriormente mencionada los estudios especializados en IA son, casi siempre, en grados o másteres especializados en ingenierías o en estudios en áreas tecnológicas. No son frecuentes las formaciones integradas en grados de otras áreas profesionales y que incorporen herramientas de IA dentro planes de estudio de otro tipo de titulaciones. Sin embargo, las empresas van a demandar a profesionales que se hayan formado en cualquier área profesional y que sean capaces de manejar herramientas de IA en su entorno laboral, aunque estén en ámbitos tan diversos como el del derecho, el de la economía, el de la comunicación y el periodismo, el de la sociología, el de la psicología, cualquier rama de la medicina, el de la educación, el de las humanidades, historia, etc. El conocimiento y manejo de la IA va a ser demandado en cualquier área profesional.

LA NECESARIA PRESENCIA DE LA IA EN LAS UNIVERSIDADES Y EN SUS PLANES DE ESTUDIO

La IA será de gran utilidad para docentes y estudiantes universitarios en un futuro inmediato. La IA tiene el potencial de transformar la educación al personalizar el aprendizaje y proporcionar retroalimentación instantánea a los estudiantes (González-González, 2023). Un proyecto de investigación necesario en el panorama actual sería aquel que explorase cómo se puede utilizar la IA para mejorar la educación en las universidades. También sería necesario un estudio que abordase la presencia de la formación en IA en los planes de estudio centrándose en evaluar cómo se recoge a nivel de grado, de máster o incluso en asignaturas sueltas dentro de los programas educativos.

Sería muy recomendable que los planes de estudio de grado y máster incluyeran asignaturas que completaran los currículos en materias como:

1. **El desarrollo de algoritmos de aprendizaje automático.** El aprendizaje automático es una técnica importante en la IA que permitirá a las máquinas aprender de los datos sin ser programadas explícitamente y que sirve y es necesaria para cualquier área profesional, será muy demandada en los próximos años por el mercado laboral. (Chen *et al.* 2022; Prahani *et al.* 2022).

2. **La IA aplicada a la investigación científica.** La IA se está utilizando cada vez más en la investigación científica para analizar grandes conjuntos de datos y hacer predicciones precisas. Son necesarias asignaturas dentro de los planes de estudios que formen a los alumnos en cómo se puede utilizar la IA para mejorar la investigación científica en las universidades.

3. **Las herramientas de aprendizaje automático.** Los estudiantes pueden aprender sobre técnicas de aprendizaje supervisado, no supervisado y por refuerzo, así como sobre la evaluación y selección de modelos de aprendizaje automático.

4. **Programas sobre procesamiento del lenguaje natural.** Estas asignaturas se centran en el desarrollo de algoritmos que permiten a las máquinas entender y generar lenguaje humano. Los estudiantes pueden aprender sobre técnicas

de análisis sintáctico y semántico, así como sobre la generación de lenguaje natural y pueden incorporarse en grados del área de las ciencias sociales en las que la IA va a ser también un requisito imprescindible (Murtaza *et al.* 2022).

5. **Herramientas sobre visión por computadora.** Estas asignaturas se centran en el desarrollo de algoritmos que permiten a las máquinas interpretar y analizar imágenes y vídeos. Los estudiantes pueden aprender sobre técnicas de detección de objetos, reconocimiento facial y seguimiento de objetos que serán cada vez más demandadas por los empleadores.

6. **Programas de robótica.** Estas asignaturas se centrarán en el desarrollo de robots inteligentes capaces de realizar tareas complejas. Los estudiantes pueden aprender sobre técnicas de percepción, planificación y control de robots.

7. **Formación en ética de la inteligencia artificial.** Estas asignaturas platearán las cuestiones éticas relacionadas con el desarrollo y uso de la inteligencia artificial. Los estudiantes pueden aprender sobre temas como la privacidad, la seguridad y la discriminación. Asignaturas que deberían centrarse en cómo se pueden abordar estas cuestiones éticas en cualquier contexto laboral.

8. **Asignaturas de inteligencia artificial generativa.** Ayudarán a los alumnos a mejorar sus textos al orientarles al escribir ensayos u otros textos, corregir su ortografía y mejorar su gramática o estilo de escritura, proporcionando recomendaciones individualizadas según cada estudiante (Baidoo-Anu & Owusu, 2023).

No es asumible que la falta de formación en IA en los planes de estudio universitarios actuales esté llevando a los estudiantes a complementar su formación por su cuenta de forma extracurricular a través de plataformas formativas que encuentran ellos mismos en internet. O que los propios docentes tengan que recurrir a la autoformación a través de herramientas de la red para completar y mejorar sus capacidades docentes o mejorar los programas formativos para sus estudiantes[13].

RESULTADOS Y CONCLUSIONES

La adaptación de los estudios universitarios a las demandas del mercado laboral y particularmente a la de trabajadores que estén familiarizados y manejen herramientas y programas de IA debe ser abordada por las instituciones educativas de forma inmediata en España, tal y como se está comenzando a hacer en otros países (Lloret *et al.* 2022; Fengchun *et al.* 2021). Los estudios universitarios deben estar diseñados para proporcionar a los estudiantes las habilidades y conocimientos necesarios para tener éxito y este éxito pasa necesariamente por incorporar en su currículo el manejo de IA. Los estudiantes universitarios deben ser alentados a adquirir experiencia laboral relevante desarrollando habilidades blandas altamente valoradas por los empleadores, pero también a conseguir conocimientos imprescindibles en programas y herramientas de IA.

O las universidades se transforman y hacen este esfuerzo de adaptación al siglo XXI y a las demandas reales del mercado laboral o desperdiciaran una oportunidad única que perjudicará gravemente a sus *alumni* y les hará más débiles y menos competitivos en el mercado. Son necesarias más investigaciones a este

---

13 Plataformas como Duolingo, plataforma de idiomas, (https://es.duolingo.com/), Smart Sparrow (https://www.smartsparrow.com/) o Gradescope https://www.gradescope.com/) o Knewton (https://www.knewton.com/). Knewton (https://www.knewton.com/), plataformas de aprendizaje adaptativo, para mejorar la metodología y contenido de las materias que imparten, cuando debería estar en los planes de estudio y en los programas formativos para docentes.

respecto en los próximos años que ayuden a los centros educativos a alinear sus programaciones académicas con las demandas reales del mercado y esto pasa por llevar la IA a las aulas.

La IA nunca reemplazará a los docentes, al contrario, se convertirá en una herramienta útil para complementar las necesidades formativas de los alumnos universitarios. La IA debe estar presente en las aulas, no sólo como contenidos y herramientas formativas, sino también como una nueva forma de enseñar más personalizada y adaptada a las necesidades de cada estudiante y más accesible según la situación de cada alumno. La utilización de herramientas de IA en lo que se conoce como «el aprendizaje profundo», permitirá generar nuevos contenidos, nuevas imágenes, nuevos textos, y todo tipo de datos, música... Abrirá un mundo de oportunidades educativas infinitas y multiplicará exponencialmente las capacidades de generar nuevos contenidos para los profesores y para los estudiantes. La evaluación automática facilitará la labor del docente y le permitirá emplear este tiempo en otras tareas docentes más productivas y necesarias. La aparición de herramientas que permiten el desarrollo de tutorías inteligentes facilitará al docente concentrar su esfuerzo en las auténticas necesidades del alumno. Se personalizará el aprendizaje y se realizará una detección temprana de problemas y oportunidades para cada alumno en una formación totalmente individualizada.

La universidad tiene un gran reto por delante en los próximos años y debe abordar de inmediato la incorporación en sus aulas y en sus planes de estudio de herramientas y programas de IA. En este sentido también debe formar a sus docentes para que la IA esté incorporada a sus programaciones docentes y sea una realidad habitual en el aula en todas las materias. Si internet revolucionó el mundo de la educación en los años noventa del pasado siglo, la IA lo hará en el siglo XXI. En las próximas décadas el escenario previsible será la incorporación de la IA en el aula como algo normalizado en todas las universidades. Las universidades que sean pioneras en este proceso serán las más demandadas y las mejor posicionadas en los rankings.

REFERENCIAS BIBLIOGRÁFICAS

BAIDOO-ANU, D. y OWUSU ANSAH, L. (2023), «Education in the era of generative artificial intelligence (AI): Understanding the potential benefits of ChatGPT in promoting teaching and learning». Disponible en línea en: SSRN 4337484.

BERGER, G. (2019), «The jobs of tomorrow: LinkedIn's 2020 emerging jobs report», en *LinkedIn Official Blog*. Disponible en línea en: https://www.linkedin.com/blog/member/career/the-jobs-of-tomorrow-linkedins-2020-emerging-jobs-report

CHEN, X., *et al.* (2022), «Two decades of artificial intelligence in education», en *Educational Technology & Society*, 25 (1), pp. 28-47.

MIAO, F., *et al.* (2021), *AI and education: guidance for policymakers*, United Nations Educational, Scientific and Cultural Organization 7, place de Fontenoy, 75352 Paris 07 SP, France, UNESCO 2021, ISBN 978-92-3-100447-6.

GONÁLEZ-GONZÁLEZ, C. S. (2023), «El impacto de la inteligencia artificial en la educación: Transformación de la forma de enseñar y de aprender», *Revista Qurriculum*, 36; julio 2023, pp. 51-60. Disponible en línea en: https://doi.org/10.25145/j.qurricul.2023.36.03 ; ISSN: e-2530-8386.

LinkedIn (2023), *Work Report: AI at Work*, agosto de 2023, 30 pp. Disponible en línea en: https://economicgraph.linkedin.com/content/dam/me/economicgraph/en-us/PDF/future-of-work-report-ai-august-2023.pdf

LLORET, C. M., GONZÁLEZ, A. H. y RABOSO, D. D. (2002), «Sistemas y recursos educativos basados en IA que apoyan y evalúan la educación», en Instituto tecnológico virtual IAeñ™. Disponible en línea en: https://assets.pubpub.org/4fv1h4my/4bd0b28b-2cc5-4009-a9bb-0882fb463e80.pdf

MURTAZA, M., *et al.* (2022), «AI-based personalizede-learning systems: Issues, challenges, and solutions», en IEEE Access. Disponible en línea en: https://doi.org/10.1109/ACCESS.2022.3193938

PRAHANI, B. K., *et al.* (2022). «Artificial intelligence in education research during the last ten years: A review and bibliometric study», en *International Journal of Emerging Technologies in Learning*, 17 (8).

WORD ECONOMIC FORUM (2023), «Future of jobs Report 2023», Informe interno de mayo, 296 pp.

EL IMPACTO DE LA INTELIGENCIA ARTIFICIAL EN LA INVESTIGACIÓN ACADÉMICA Y CIENTÍFICA

JORGE MIRANDA GALBE
UNIVERSIDAD COMPLUTENSE DE MADRID

MARÍA BEGOÑA DE ARANCIBIA ROMÁN
UNIVERSIDAD COMPLUTENSE DE MADRID

JOSÉ MARÍA ESTEBAN RAMOS
UNIVERSIDAD COMPLUTENSE DE MADRID

INTRODUCCIÓN

A lo largo de la historia de la humanidad ha habido múltiples tecnologías que han supuesto grandes cambios para la sociedad. Los últimos treinta años, gracias sobre todo a la digitalización, han sido especialmente turbulentos. En estas tres décadas han visto la luz tecnologías como internet y las redes sociales, y dispositivos como el *smartphone*. Todo ello ha propiciado grandes cambios sociales, modificando los hábitos de consumo y comportamiento de los usuarios.

La velocidad con la que suceden los avances tecnológicos en la actualidad hace pensar que en los próximos años surgirán nuevos medios, plataformas y dispositivos que seguirán cambiando la forma en la que las personas se relacionan con su entorno y con las tecnologías. Se espera que en los próximos años se establezcan nuevos dispositivos como las gafas de realidad aumentada y realidad virtual, y medios como internet sufran grandes cambios.

Todas estas transformaciones irán de la mano de una tecnología que, aparentemente, va a cambiar los paradigmas establecidos en nuestra sociedad. Se trata de la inteligencia artificial –IA a partir de ahora–, la cual ha surgido como una fuerza transformadora que va a redefinir muchos aspectos de nuestra vida. Múltiples industrias se van a ver beneficiadas por la irrupción de esta tecnología, viendo como sus procesos productivos mejoran exponencialmente.

Uno de los entornos más beneficiados por ella será el de la investigación académica y científica. Gracias a su capacidad para analizar grandes volúmenes de datos, los investigadores de todos los campos del saber verán cómo su trabajo avanza de manera más fluida y eficaz.

La IA emerge como una tecnología que puede cambiar la manera en que se educa en las escuelas y universidades, convirtiéndose en una gran aliada tanto para profesores como para estudiantes. Previsiblemente, su uso se extenderá rápidamente, convirtiéndose en una compañera de viaje imprescindible para desarrollar trabajos académicos de cualquier índole.

¿QUÉ ES LA INTELIGENCIA ARTIFICIAL?

La inteligencia artificial es una tecnología que tiene como finalidad ayudar a los seres humanos en la realización de tareas complejas (Borja Borja, *et al.* 2022). Se trata de sistemas informáticos que emulan las funciones cognitivas del ser humano, haciendo predicciones siguiendo unos patrones que obtiene de bases de datos a las que se les da acceso. Son capaces de razonar, planear e instruirse a través de diferentes modos de aprendizaje (Bubeck, *et al.* 2023).

La Unión Europea (Parlamento Europeo, 2021), indica que podemos encontrar esta tecnología tanto en *software* como en *hardware* de todo tipo. Esta misma institución está trabajando actualmente en una ley de IA, definiéndola como «la habilidad de una máquina de presentar las mismas capacidades que los seres humanos, como el razonamiento, el aprendizaje, la creatividad y la capacidad de planear» (Parlamento Europeo, 2021). Atendiendo a esto, se podría deducir que estos sistemas pueden realizar las mismas tareas que los seres humanos. No obstante, se pueden clasificar tres tipos diferentes de IA (Microsoft Azure. S.f.): IA estrecha, IA general y superinteligencia artificial

La IA estrecha es la que podemos encontrar hoy en día, capaz de desarrollar una sola tarea definida con precisión mejor que un ser humano. Puede ser muy eficiente en su labor, pero no puede aprender nuevas acciones. Por su lado, la IA general es aquella capaz de realizar varias tareas (Morris, 2023), y puede aprender de manera similar a como lo haría un ser humano en diferentes contextos. Según algunos investigadores, las primeras «chispas» de este tipo de IA ya se empiezan a dejar ver en modelos de lenguaje como ChatGPT-4 (Bubeck, *et al.* 2023). Por último, la superinteligencia artificial hace referencia a los sistemas informáticos que serán capaces de superar a la inteligencia humana en una gran cantidad de actividades, incluyendo la creatividad y las relaciones sociales.

Para poder realizar su trabajo, la IA usa algoritmos que le permiten aprender de los datos que se le proporcionan, utilizando esta información para tomar decisiones de manera similar a como lo haría una persona (Rounhiainen, 2018). Esto es conocido como *machine learning*, que se puede definir como «un subcampo de la inteligencia artificial que incluye software capaz de reconocer patrones, hacer predicciones y aplicar los patrones recién descubiertos a situaciones que no estaban incluidas o cubiertas por su diseño inicial» (Miranda García, 2021, p. 1405). Es decir, los algoritmos adquieren la capacidad de aprender sin ser programados explícitamente para ello. Para llegar a esto, existen cuatro tipos de aprendizaje (Rounhiainen, 2018):

1. **Aprendizaje supervisado**: la máquina aprende gracias a datos que ya han sido organizados previamente.

2. **Aprendizaje no supervisado**: la máquina aprende a partir de datos no etiquetados ni organizados, teniendo que establecer la relación entre ellos sin la intervención humana.

3. **Aprendizaje por refuerzo**: en este caso los algoritmos aprenden de la experiencia, sin objetivos explícitos salvo obtener una recompensa.

4. **Aprendizaje profundo**: es un aprendizaje automático cuyo objetivo es el de resolver problemas muy complejos. Para ello, se emplean redes neuronales que se organizan en capas para reconocer relaciones y patrones complejos. Esto implica la utilización de enormes conjuntos de datos, así como una gran potencia de cálculo.

La IA es una tecnología que está dando sus primeros pasos, y se prevé un crecimiento exponencial en los próximos años. Por ejemplo, no hay más que comparar la diferencia computacional que existe entre unas versiones y otras de ChatGPT, así como sus posibilidades.

Igualmente, va a implicar una serie de ventajas para la mayor parte de las industrias (Miranda-Galbe, 2023). Una de las más beneficiadas será, sin ninguna duda, la investigación científica.

INTELIGENCIA ARTIFICIAL E INVESTIGACIÓN CIENTÍFICA

García Peña *et al.* (2020, p. 656), indican que «la inteligencia artificial (IA) puede ayudar de manera significativa para alcanzar estas competencias necesarias» en materia de educación. Por esta razón, «las herramientas de IA deben crearse para aumentar la capacidad de los docentes y ayudarles a convertirse en los mejores transmisores de conocimiento que puedan ser» (Flores Vivar y García Peñalvo, p. 44).

La investigación en IA tiene un carácter claramente interdisciplinar. Se trata de una tecnología que genera mucho interés y se estudia en todos los ámbitos del saber, siendo analizada desde diferentes perspectivas para intentar desentrañar sus posibilidades. Cabe destacar la producción científica en áreas como la informática, la medicina, o la ingeniería, pero también se da en ciencias sociales como la psicología y las ciencias del comportamiento, así como en áreas de marcado carácter artístico (Andrade Gontijo, *et al.* 2021).

La IA promete ser una herramienta indispensable para cualquier investigador, sea cual sea su campo. Muchas de las aplicaciones actuales permiten que los científicos puedan realizar mejores trabajos de investigación. No porque la IA sea capaz de hacerlo mejor que ellos mismos, sino porque ayuda a agilizar muchos procesos. Y no sólo eso, ya que puede ayudar a descubrir nuevas fronteras permitiendo a los académicos explorar terrenos antes desconocidos, y resolver problemas que, hasta hace poco, parecían insuperables. Puede, incluso, hacer que los investigadores se planteen preguntas que ni siquiera se habían imaginado. El impacto que produce y, sobre todo, que va a causar en el futuro de la investigación, será bastante importante.

Gracias a la capacidad que tiene la IA para analizar grandes volúmenes de datos con gran precisión (Microsoft Azure, s.f.), se reducen los tiempos de recopilación y se facilita la obtención de información relevante. Igualmente, es capaz de identificar tendencias y patrones sencillos y complejos, lo que puede dar lugar a nuevas hipótesis o perspectivas. Por esta razón, puede ayudar a descubrir correlaciones que anteriormente podían pasarse por alto debido a la abundancia de datos. De esta manera, estas herramientas pueden ser empleadas como asistentes en la toma de decisiones.

Esta tecnología cuenta con algunas capacidades que pueden resultar útiles en algunas tareas de investigación como, por ejemplo, el reconocimiento, clasificación y etiquetado de imágenes, algo muy útil en ámbitos como la salud o la astrofísica. Esto ha permitido, por ejemplo, «identificar nuevos planetas a partir de las observaciones del telescopio Kepler o para detectar biomarcadores de enfermedades como el alzhéimer a partir de imágenes cerebrales» (Suazo Galdames, 2023, p. 2). Otro ejemplo se da en la Universidad de California, donde un grupo de investigadores entrenó una IA que les ayudase a diagnosticar pacientes. La ratio de acierto de esta herramienta fue de entre el 90% y el 97%, superando a algunos expertos en la materia (Fernández, 2019).

Otra de las tareas que facilitan el trabajo de investigación es la automatización de tareas repetitivas. La IA puede realizar tareas rutinarias como clasificar, recopilar y etiquetar los datos, permitiendo que el investigador pueda «dedicar más tiempo al análisis y la interpretación de los resultados» (Comunicación iS+D, 2023). Esto impactará en la calidad de los trabajos, pues en muchas ocasiones la mayor parte del tiempo se emplea en organizar la información, dejando menos tiempo para realizar análisis más exhaustivos.

En este sentido, es también destacable la capacidad de algunas herramientas de IA que ayudan a construir una bibliografía de manera muy eficiente. Éstas, además, pueden sintetizar los aspectos fundamentales de artículos o libros, permitiendo que los científicos puedan afinar mucho su búsqueda de material, siendo muy precisos a la hora de desarrollar los apartados teóricos de sus trabajos. En cuanto a esto, otra de las ventajas que proporciona esta tecnología es la de generación de contenido. Los modelos de lenguaje son útiles para crear los primeros borradores de los trabajos. No obstante, en estas cuestiones es necesaria la curación de contenidos por parte del investigador. El texto debe ser revisado y modificado cuando sea necesario, para evitar errores y posibles plagios. Algunas herramientas de IA ayudan precisamente a ello, a detectar situaciones irregulares de este tipo. Es muy importante, sobre todo, revisar las citas en caso de que sean hechas por la herramienta que se esté empleando.

Un aspecto importante es la capacidad de traducción de estas herramientas, algo fundamental si se quiere dar visibilidad internacional a los trabajos. Igualmente, son capaces de generar presentaciones atractivas para presentar ante un público (Cardoso Sampaio, *et al.* 2023).

Otra de las capacidades de esta tecnología es la de la posibilidad de realizar, de forma muy precisa, simulaciones y modelado de situaciones que imiten el mundo real en nuestro ordenador. Un ejemplo de esto se da en la simulación de situaciones de tráfico en ciudades, capaces de predecir escenarios en entornos reales y que permiten mejorar las infraestructuras.

Existen muchas herramientas basadas en IA que realizan gran diversidad de tareas, y algunas de ellas están dando los primeros resultados positivos, permitiendo avanzar en diferentes áreas. Además de algunos de los ya mencionados, caben destacar los siguientes ejemplos de casos de éxito (Cursos E. Renovables, s.f.):

1. **Desciframiento de estructuras proteicas con AlphaFold:** se abre la posibilidad de comprender de forma más profunda algunas enfermedades, así como la creación de medicamentos.

2. **Identificación de exoplanetas con el telescopio Kepler:** se amplía el conocimiento del universo, gracias al descubrimiento de nuevos cuerpos celestes.

3. **Diagnóstico temprano de enfermedades:** la detección temprana aumenta la probabilidad de éxito en el tratamiento y curación.

4. **Mejora en la precisión de modelos climáticos:** permiten dar mejor respuesta a posibles fenómenos climáticos extremos.

5. **Diseño de nuevos materiales:** permiten el diseño de nuevos compuestos y materiales.

Como ya se ha mencionado, una indiscutible ventaja es la posibilidad de acceder a gran cantidad de bases de datos. La IA es capaz de sintetizar mucha información y permitir a los investigadores acceder de forma más directa y rápida a aquello que les interesa para su trabajo. No obstante, esto también tiene sus inconvenientes. La IA todavía no puede diferenciar entre el bien y el mal, por lo que existe riesgo de que algunos contenidos caigan en estereotipos, denigración o ideologías extremistas. Es por ello que los investigadores deben revisar la información que les ofrecen los diferentes modelos de lenguaje (Beder, *et al.* 2021).

No obstante, «es evidente que las IA afectan favorablemente el desarrollo de tareas académicas en el marco de la innovación educativa en contextos escolares diversos» (Carrillo Cruz, Herrera Barragan y Cortes Serrato, 2023, p. 4616).

CONCLUSIONES

La IA supone un avance sin precedentes en el campo de la investigación. Siempre y cuando se use de forma adecuada, permite una mejora de la productividad y de la calidad de los trabajos. Sin duda, llagará a convertirse en un importante motor de desarrollo económico.

Hace que las actividades repetitivas y menos creativas puedan ser realizadas de manera rápida y eficaz. De esta manera los investigadores podrán dedicar la mayor parte de su tiempo a analizar de forma adecuada los resultados de sus investigaciones. Esto dará mejores resultados. Por ello puede considerarse como una certeza que la IA se va a convertir en una gran aliada de los investigadores, ofreciendo una ayuda tremendamente útil.

Por otro lado, permitirá la implementación de novedosas metodologías efectivas que harán que las investigaciones alcancen cotas más altas. La IA ayudará a trascender, permitiendo el trabajo conjunto entre la máquina y el ser humano y ofreciendo visiones originales acerca de las problemáticas existentes.

La IA hará que los procesos de trabajo se vean afectados, incrementando tanto la cantidad como la calidad de las investigaciones. Esto, no obstante, puede generar algunos problemas. Habrá muchas más publicaciones, lo que puede generar mucho ruido. El exceso de información puede ser negativo en algunos casos.

Por otro lado, es posible que la rapidez de creación que permite la IA haga que el nivel de algunos estudios no sea el más adecuado. También es importante discriminar entre investigaciones realizadas por un investigador o por una IA, siendo necesaria la citación de la IA como autora de ciertos trabajos. Esto lleva a pensar que es necesario establecer una serie de normas que regulen la producción científica elaborada con IA.

De momento, la IA es un instrumento que facilita el trabajo de los investigadores, pero pronto se convertirá en un cerebro capaz de hacer avanzar la ciencia en muchos sentidos. Si llega a alcanzarse la superinteligencia artificial, los investigadores podrán abrir nuevos campos de investigación, permitiendo al ser humano alcanzar límites inimaginables hoy en día.

Como conclusión, decir que la IA, siempre que sea utilizada de forma ética, es y será una gran aliada de la investigación, haciendo que la sociedad mejore gracias a las aportaciones que es capaz de ofrecer en el ámbito académico. Su impacto en la investigación académica y científica será tremendamente positivo.

REFERENCIAS BIBLIOGRÁFICAS

ANDRADE GONTIJO, M. C., FERREIRA DE ARAÚJO, R. y TRAVIESO RODRÍGUEZ, C. (2021), «Impacto académico y social de la investigación sobre inteligencia artificial: Análisis basado en la base de datos Dimensions», en *Revista General de Información y Documentación*. 31 (2), pp. 719-734. Disponible en línea en: https://dx.doi.org/10.5209/rgid.79465

BENDER, E. M. *et al.* (2021), «On the dangers of stochastic parrots: Can language models be too big?», en *Proceedings of the 2021 ACM Conference on Fairness, Accountability, and Transparency* (FAccT'21) (Virtual Event, Canada). Association for Computing Machinery, New York, NY, USA, pp. 610-623. Disponible en línea en: https://doi.org/10.1145/3442188.3445922

BORJA BORJA, C. *et al.* (2022), «Inteligencia artificial en la detección de melanomas», en *Revista multidisciplinaria, desarrollo agropecuario, tecnológico, empresarial y humanista,* 4 (1), pp. 1-8.

BUBECK, S. *et al.* (2023), «Sparks of artificial general intelligence: Early experiments with gpt-4», en *arXiv Preprint, arXiv:2303.12712v5.* Disponible en línea en: https://arxiv.org/pdf/2303.12712.pdf

CARDOSO SAMPAIO, R. *et al.* (2023), «ChatGPT and other AIs will change all scientific research: Initial reflections on uses and consequences», en *Scielo Preprints.* Disponible en línea en: https://doi.org/10.1590/SciELOPreprints.6686

CARRILLO CRUZ, C. E., HERRERA BARRAGAN, V. A. y CORTÉS SERRATO, J. N. (2023), «Inteligencia artificial para la escritura académica en investigación», en *Ciencia Latina Revista Científica Multidisciplinar,* 7 (4), pp. 4604-4620. Disponible en línea en: https://doi.org/10.37811/cl_rcm.v7i4.7304

Comunicación iS+D, «Ventajas de la inteligencia artificial en la investigación social y de mercados», en *Fundación iS+D para la Investigación Social Avanzada,* (16 de mayo de 2023).

Disponible en línea en: https://isdfundacion.org/2023/05/16/ventajas-de-la-inteligencia-artificial-en-la-investigacion-social-y-de-mercados/

Cursos E. Renovabes (s.f.). «Impacto de la inteligencia artificial en la Investigación Científica», en *Estudia Energías Renovables Online*. Disponible en línea en: https://estudiarenergiasrenovablesonline.es/impacto-de-la-inteligencia-artificial-en-la-investigacion-cientifica/#ftoc-heading-10

FERNÁNDEZ, M., «Medicina con inteligencia artificial: Ésta ya es capaz de diagnosticar mejor que algunos médicos, *El Español*, (13 de febrero de 2019). Disponible en línea en: https://www.elespanol.com/omicrono/tecnologia/20190213/medicina-inteligencia-artificial-capaz-diagnosticar-mejor-medicos/375963771_0.html#:~:text=Unos%20investigadores%20de%20la%20Universidad%20de%20California%20en,de%20diagnosticar%20con%20un%20buen%20ratio%20de%20acierto

FLORES VIVARO, J. M. y GARCÍA PEÑALVO, F. J. (2023), «Reflexiones sobre la ética, potencialidades y retos de la inteligencia artificial en el marco de la educación de calidad (ODS4)», *Comunicar, revista científica de educación*, (74), pp. 37-47. https://doi.org/10.3916/C74-2023-03

GARCÍA PEÑA, V. R., MORA MARCILLO, A. B. y ÁVILA RAMÍREZ, J. A. (2020), «La inteligencia artificial en la educación», *Dominio de las ciencias* (6) 3, pp. 648-666.

Microsoft Azure (s.f.). *¿Qué es la inteligencia artificial?* Disponible en línea en: https://azure.microsoft.com/es-es/resources/cloud-computingdictionary/what-is-artificial-intelligence/#types

MIRANDA GALBE, J. (2023), «El camino hacia la sociedad virtual. De las redes sociales al metaverso», en SIERRA SÁNCHEZ, J. y MEDINA CONTRERAS, J. (coords.), *Encrucijada del audiovisual en la era de lo virtual*, pp. 267-279.

MIRANDA GARCÍA I. M. (2021), Aplicación de la inteligencia artificial a la investigación del comercio e inversión internacional. En PÉREZ CALLE, R. D., TRINCADO AZNAR, E. y GALLEGO ABAROA, E. (coord.), *Economía, empresa y justicia. Nuevos retos para el futuro*, Dyckinson, pp. 1397-1423.

MORRIS, M. R. *et al.* (2023). «Levels of AGI: Operationalizing Progress on the Path to AGI», en *arXiv preprint arXiv:2311.02462*. Disponible en línea un: https://arxiv.org/abs/2311.02462

Parlamento Europeo (26 de marzo de 2021). «*¿Qué es la inteligencia artificial y cómo se usa?*». Disponible en: https://www.europarl.europa.eu/news/es/headlines/society/20200 827STO85804/que-es-la-inteligencia-artificial-y-como-se-usa

ROUNHIAINEN, L. (2018), *Inteligencia artificial. 101 cosas que debes saber hoy sobre nuestro futuro*, Alienta editorial, Barcelona.

SUAZO GALDAMES, I. (2023), «Inteligencia artificial en investigación científica», en *SciComm Report*, 3, pp. 1-3. Disponible en línea en: https://doi.org/10.32457/scr.v3i1

LA ENSEÑANZA DEL MARKETING, ECONOMÍA Y DIRECCIÓN DE EMPRESAS MEDIANTE TÉCNICAS DE INTELIGENCIA ARTIFICIAL

RAFAEL RAVINA RIPOLL
UNIVERSIDAD DE CÁDIZ

SOFÍA BLANCO MORENO
UNIVERSIDAD DE LEÓN

ARACELI GALIANO CORONIL
UNIVERSIDAD DE CÁDIZ

INTRODUCCIÓN

En la era actual, la inteligencia artificial se ha posicionado como una herramienta que impulsa la evolución de diversas disciplinas, transformando radicalmente la forma en que abordamos la investigación, el análisis de datos y la toma de decisiones. En este contexto de cambio acelerado, la enseñanza de la inteligencia artificial en las aulas universitarias, específicamente en las Facultades de Marketing, Económicas y Empresariales se presenta como una necesidad imperante. Esta integración no solo prepara al alumnado para los desafíos tecnológicos del mundo globalizado; sino que también potencian sus capacidades para comprender y utilizar las herramientas más avanzadas, sirva de ejemplo, el *web scraping*, el *deep learning* o el *machine learning*. Además, las herramientas de inteligencia artificial mejoran el aprendizaje de los estudiantes (Huang *et al.* 2023).

En este contexto de transformación tecnológica, el *web scraping* ha emergido como una técnica fundamental para la obtención de datos en tiempo real directamente desde fuentes *online*. La inclusión de este método automatizado de extracción de información en las asignaturas de los estudiantes de Marketing y Dirección de Empresa, les puede permitir, por un lado, adquirir conocimientos prácticos y habilidades técnicas valiosas para su futuro profesional. Y por otro, familiarizarse con la ética y la legalidad de la recopilación de datos en entornos *online*, dado que, si bien las tecnologías impulsadas por la inteligencia artificial están cambiando cada vez más el mundo, ha habido un rápido aumento en los debates sobre los aspectos éticos de la inteligencia artificial (Kiemde y Kora, 2021; Lin *et al.* 2023). Bajo nuestro punto de vista, ello requiere que las gobernanzas de las comunidades universitarias incluyan técnicas de inteligencia artificial en sus futuros planes docentes, como son el caso del *web scraping, deep learning, machine learning* y *data mining*.

La enseñanza de estas técnicas de inteligencia artificial capacitará a los estudiantes en tres cosas básicas. La primera, identificar relaciones no evidentes y patrones en grandes conjuntos de datos. La segunda, trabajar con nuevas tipologías de datos. Y la tercera, capacitar a los estudiantes a tomar decisiones más informadas y estratégicas en el ámbito de las empresas, la economía y el marketing.

Las instituciones de enseñanza superior al dotar a los estudiantes con estas habilidades digitales no solo los preparan para los desafíos tecnológicos de la era de la industria 4.0; sino también en la adquisición de competencias digitales que serán muy demandadas por el mundo empresarial. Por tanto, la integración de la inteligencia artificial en las aulas de las Facultades de Marketing, Económicas y Empresariales se debe contemplar como una necesidad que requerirán sus estudiantes para su avance académico y profesional.

LA INTELIGENCIA ARTIFICIAL EN LAS AULAS UNIVERSITARIAS

Para garantizar que los estudiantes estén bien preparados para los retos que el mundo empresarial demanda en la actual sociedad digital; los docentes universitarios deben mejorar significativamente sus métodos de enseñanza mediante el uso de la inteligencia artificial, una metodología totalmente novedosa (Bernabei *et al.* 2023). En suma, con lo anterior se pasa a describir brevemente en los siguientes subapartados los instrumentos *web scraping, machine learning, deep learning* y *data mining*.

WEB SCRAPING

Las herramientas *web scraping* brindan a los estudiantes un medio poderoso para recopilar grandes cantidades de datos de internet. Al incorporar estas herramientas en los planes curriculares, los docentes pueden mejorar la comprensión de las asignaturas de naturaleza cuantitativa e inferencial. Esto se debe a que el alumnado universitario puede, por un lado, disfrutar de una gran cantidad de información actual y relevante que procede de diversas fuentes. Y por otro, potenciar su razonamiento crítico y habilidades para la resolución de problemas y la toma de decisiones.

Actualmente, hay herramientas de *web scraping* como son: el *Octoparse*, el *Apify*, el *Selenium* o el *PhantomBuster*, que permiten obtener datos de cualquier plataforma *online*. Tal hecho tiene una gran importancia para los docentes, pues le permite efectuar experiencias de aprendizajes prácticas en el interior de las aulas. Dicha circunstancia hace que los estudiantes no solo participen activamente durante su proceso de aprendizaje colaborativo; sino también, adquieran habilidades digitales que son altamente aplicables en el mercado laboral. Todo ello, tendrá una influencia positiva en la calidad de sus Trabajos de Fin de Grado.

Otro aspecto positivo del uso de la herramienta *web scraping* es el fomento de la creatividad y el pensamiento disruptivo del alumnado universitario. Una de las razones de esta afirmación, se fundamenta en que inspira su espíritu innovador y curiosidad científica. En este sentido, se hace conveniente señalar que el conocimiento de las herramientas de *web scraping* ofrece a los futuros graduados grandes ventajas competitivas para insertarse en el actual mercado laboral ante el elevado número de empresas que buscan capital humano con competencias las herramientas *web scraping*. Además, trabajar con estas herramientas en el aula permite abordar cuestiones sobre ahorro de tiempo y recursos, pero también mitigar el riesgo potencial de controversias éticas o demandas relacionadas con la recuperación y el uso de *big data web* (Krotov y Johnson, 2023).

Por consiguiente, la integración de herramientas de *web scraping* en las aulas universitarias se hace muy beneficiosa para los estudiantes desde el punto de vista del aprendizaje, la innovación y la empleabilidad. De ahí, no será de extrañar que el conocimiento de las herramientas de *web scraping* otorgará a los futuros graduados de marketing, comunicación y dirección de empresa un valioso ramillete de habilidades digitales que les será de gran utilidad en su futuro desempeño profesional en la era de la industria 4.0.

MACHINE LEARNING

El *machine learning* es un subconjunto de la inteligencia artificial, que permite automatizar y mejorar diversos aspectos referentes a las asignaturas que se enseñan en Facultades de Marketing, Económicas y Empresariales, entre ellas cabe destacar, las asignaturas de investigación de mercados, marketing social y sistemas de información en la dirección de empresa.

De acuerdo con lo expuesto en el párrafo de arriba, indicar que el uso del *machine learning* está ampliamente extendido en las empresas de marketing, comunicación e investigación de mercados. Dichas compañías utilizan la citada herramienta digital a la hora de llevar a cabo análisis de sentimientos, medición de la opinión pública, percepción de la marca corporativa, extraer información valiosa de textos sin estructurar, automatización de tareas, categorización de los comentarios que realizan los clientes en las redes sociales, entre otras. Además, esta herramienta permite analizar grandes volúmenes de datos de manera eficiente como la satisfacción de los clientes, sus comentarios en redes sociales o las reseñas de sus productos o servicios. El disponer de esta rica y extensa información permite a las gerencias de las corporaciones tomar decisiones más eficientes y rentables económicamente (Sanusi *et al.* 2023).

En base a todo lo expuesto hasta aquí en el presente subapartado, se hace imprescindible que los futuros graduados posean un gran dominio de estas herramientas. Para ello, el alumnado debe estar familiarizado con las mismas y entender que estas herramientas facilitarán el desempeño de su futuro puesto de trabajo. Asimismo, los estudiantes deben ser conscientes de que estas herramientas mejorarán su capacidad de toma de decisiones, ya que de forma automática y rápida les permiten analizar una gran cantidad de datos. Esto les será de gran utilidad para analizar las tendencias del sector o emprender mejoras operativas y funcionales asociadas con la actividad productiva de las empresas después de la pandemia del covid-19.

Por tanto, la integración de las herramientas de *machine learning* en los planes curriculares de las universidades constituirán para su alumnado un manantial de habilidades cognitivas muy necesarias y válidas en los procesos de toma de decisiones profesionales que deberán efectuar a lo largo de su carrera profesional.

DEEP LEARNING

El mundo de las empresas avanza a pasos agigantados, por ello es esencial mantenerse a la vanguardia de las evoluciones tecnológicas. Esto precisa, entre otras cosas, de docentes en la disciplina de las ciencias sociales que formen a sus estudiantes en el conocimiento y aprendizaje de herramientas digitales en el interior de las aulas. Una de ella sería el *deep learning*, que es subconjunto del *machine learning*, que se centra en entrenar redes neuronales para aprender automáticamente patrones y representaciones a partir de datos (Warburton, 2023).

Bajo nuestro punto de vista, los docentes universitarios pueden integrar eficazmente las herramientas de *deep learning* en el desarrollo de sus clases magistrales. Esto necesita del desarrollo de las tres siguientes etapas. La primera, comenzar con una breve introducción sobre esta herramienta digital. Para ello los docentes pueden hacer uso de herramientas como el *Teachable Machine* de Google, que ofrece de una forma muy visual cómo entrenar un modelo para clasificación de imágenes, sonidos o gestos. Gracias a esta herramienta, el alumnado puede obtener una base sólida sobre la aplicación de los modelos de *machine learning*. La segunda, hacer entender al alumnado el funcionamiento de los modelos de *machine learning*, involucrándoles en aplicaciones prácticas como pueden ser la predicción de tendencias basadas en datos previamente clasificados o el análisis del comportamiento de los usuarios. La tercera, enseñar el uso de *Neural Designer* por ser una aplicación informática que permite crear modelos de redes neuronales sin codificación ni diagramas de bloques de construcción. Esta herramienta permite extraer valor a los datos a partir de algoritmos avanzados de *machine learning*, al implementar redes neuronales que permiten encontrar relaciones, reconocer patrones y predecir tendencias a través de modelos de aproximación, clasificación, previsión y clasificación de textos.

Por tanto, la integración de las herramientas de *deep learning* en las aulas universitarias permitirá al alumnado entender su potencial como herramienta de apoyo en la toma de decisiones que deberán adoptar en su futuro laboral. Enseñar a los estudiantes herramientas como el *deep learning* es invaluable, ya que los equipan con capacidades analíticas avanzadas esenciales para tomar decisiones basadas en datos del panorama empresarial moderno. Por tanto, el *deep learning*, como las otras herramientas descritas en las páginas anteriores sobre inteligencia artificial, permitirá a los estudiantes gozar de un conocimiento digital que les será muy positivo y válido para su inserción en el mercado laboral globalizado.

DATA MINING

La herramienta *data mining* se caracteriza por proporcionar una gran cantidad de información y datos al alumnado durante su proceso de aprendizaje en las instituciones de enseñanza superior. Desde la perspectiva padagógica, este instrumento digital hace que los estudiantes se conviertan en el centro de su formación. Esto se debe a que esta herramienta de la inteligencia artificial les ayuda en autogestionar, de forma significativa, su aprendizaje cognitivo fuera de las aulas universitarias (Baek y Dolec, 2023).

Atendiendo a lo dicho, no es de extrañar, que el uso de esta herramienta haya crecido exponencialmente en las universidades con la llegada de la pandemia del covid-19. Como es sabido, dicha pandemia obligó a las universidades de forma urgente a implementar la docencia *online*. En este contexto, el *data mining* tomo una gran relevancia porque, entre otras cosas, permitió al alumnado disponer de una gran cantidad de información que les sería muy útil para el desarrollo de los casos prácticos de las asignaturas de las ciencias sociales que requieren de grandes bases de datos o de información. Sirva de ejemplo, las asgnaturas de econometría, investigación de mercado, marketing, sistemas de información o estadística. El uso del *data mining*, permitió, entre otras cosas, que los estudiantes pudieran visualizar, con bastante claridad, que las asignaturas que imparten en las Facultades de Ciencias Económicas y Empresariales se encuentran muy conectadas con las actuales necesidades formativas que demanda el actual mercado laboral a nivel global.

Bajo este enfoque, el *data mining* no solo juega un papel muy importante para la adquisición de competencias digitales para los futuros graduados en Marketing y Dirección de Empresa; sino también para saber seleccionar críticamente las base de datos cuando exista una gran variedad de fuentes de información. De este modo, el conocimiento y el uso del *data mining* tendrá una gran transcendencia en el futuro devenir profesional del alumnado universitario, especialmente para aquellos que cursan disciplinas de ciencias sociales.

CONCLUSIÓN

En la era de la sociedad digital, la inteligencia artificial se ha convertido en una herramienta fundamental que va a transformar la enseñanza de las instituciones de enseñanza superior (Vecchiarini y Somià, 2023). Por ello, existe una necesidad imperante de las gobernanzas universitarias de que en las aulas universitarias se enseñen estas nuevas técnicas digitales, entre ellas, el *web scraping, deep learning, machine learning* y *data mining*.

Como se ha expuesto a lo largo de este capítulo, el conocimiento de estas tres herramientas de la inteligencia artificial por parte de los futuros graduados en Marketing, Comunicación y Dirección de Empresa les serán muy útiles para procesar datos complejos y descubrir tendencias de mercado (Hajipour *et al.* 2023). Un conocimiento que es demandado por la esfera empresarial para que la toma de decisiones estratégicas, operativas y publicitarias se rijan bajo los principios rectores de la competitividad, eficiencia, viabilidad, rentabilidad económica, etc.

La enseñanza de estas técnicas no solo permite a los estudiantes universitarios tener acceso y aprender mediante las nuevas tecnologías, sino también a mejorar su pensamiento crítico en la toma de decisiones y en la resolución de problemas complejos. Además, favorece la estimulación del pensamiento en los estudiantes, lo que influye en su aprendizaje y satisfacción académica (Rodway y Schepman, 2023). Por tanto, enseñar a los estudiantes universitarios de la Facultad de Ciencias Económicas y Empresariales herramientas como *web scraping, machine learning, deep learning* y *data mining* les ofrece una gran cantidad de beneficios académicos. En primer lugar, estas habilidades brindan a los futuros graduados la capacidad de aprovechar grandes cantidades de datos de internet a través del *web scraping*, lo que les permite acceder a datos del mundo real para análisis económicos y comerciales (Spada *et al.* 2022). Este conocimiento práctico mejora sus capacidades de investigación y los prepara para tomar decisiones basadas en datos, una habilidad crítica en el competitivo entorno empresarial actual. Además, estas herramientas facilitan la automatización y la eficiencia en el procesamiento de datos, liberando tiempo valioso para que los estudiantes se concentren en análisis de nivel superior y pensamiento estratégico.

En segundo lugar, introducir el *machine learning*, el *deep learning* y el *data mining* a los estudiantes de Economía y Empresa les proporciona poderosas herramientas analíticas. Estas técnicas permiten al alumnado universitario extraer información significativa de conjuntos de datos complejos, descubrir patrones ocultos y predecir tendencias futuras. Esta competencia en análisis de datos avanzados les permite resolver problemas comerciales complejos, optimizar procesos y ofrecer soluciones innovadoras a los desafíos económicos. En general, estas herramientas no sólo mejorarán sus experiencias académicas, sino que también dotan a los futuros graduados de habilidades muy solicitadas y necesarias para sobresalir en sus carreras, convirtiéndolos en activos valiosos en diversos sectores, desde las finanzas y la consultoría hasta el emprendimiento y el análisis de políticas.

Por último, indicar que la enseñanza de la inteligencia artificial en el ámbito universitario tiene que llegar más pronto que tarde a sus aulas para que sus futuros graduados tengan los suficientes conocimientos sobre esta cuestión para atender a las nuevas demandas que requerirá la economía globalizada y su ciudadanía. Teniendo presente que la inteligencia artificial será uno de los motores más importantes en los avances científicos que tendrán lugar a medio plazo en la actual era de la sociedad digital (Loureiro *et al.* 2021). Siempre que la inteligencia artificial ayude a fomentar la creatividad, el pensamiento disruptivo, la innovación y la felicidad de los estudiantes a lo largo de su etapa universitaria.

REFERENCIAS BIBLIOGRÁFICAS

BAEK, C. y DOLECK, T. (2023), «Educational data mining versus learning analytics: A review of publications from 2015 to 2019», en *Interactive Learning Environments, 31* (6), pp. 3828-3850. Disponible en línea en: https://doi.org/10.1080/104948 20.2021.1943689

BERNABEI, M. *et al.* (2023), «Students' use of large language models in engineering education: A case study on technology acceptance, perceptions, efficacy, and detection chances», en *Computers & Education: Artificial Intelligence, 5,* 100172. Disponible en línea en: https://doi.org/10.1016/j.caeai.2023.100172

HAJIPOUR, V., HEKMAT, S. y AMINI, M. (2023), «A value-oriented artificial intelligence-as-a-service business plan using integrated tools and services», en *Decision Analytics Journal, 8,* 100302. Disponible en línea en: https://doi.org/10.1016/j.dajour.2023.100302

HUANG, A. Y., LU, O. H., y Yang, S. J. H. (2023), «Effects of artificial intelligence-enabled personalized recommendations on learners' learning engagement, motivation, and outcomes in a flipped classroom», en *Computers & Education, 194,* 104684. Disponible en línea en: https://doi.org/10.1016/j.compedu.2022.104684

KIEMDE, S. M. A. y KORA, A. D. (2021), «Towards an ethics of AI in Africa: Rule of education», en *AI and Ethics, 2* (1), pp. 35-40. Disponible en línea en: https://doi.org/10.1007/s43681-021-00106-8

KROTOV, V. y JOHNSON, L. (2023), «Big web data: Challenges related to data, technology, legality, and ethics», en *Business Horizons, 66* (4), pp. 481-491. Disponible en línea en: https://doi.org/10.1016/j.bushor.2022.10.001

LIN, X. *et al.* (2023), «Technological support to foster students' artificial intelligence ethics: An augmented reality-based contextualized dilemma discussion approach», en *Computers & Education, 201*, 104813. Disponible en línea en: https://doi.org/10.1016/j.compedu.2023.104813

LOUREIRO, S. M. C., GUERREIRO, J. y TUSSYADIAH, I. (2021), «Artificial intelligence in Business: State of the art and future research agenda», en *Journal of Business Research, 129*, pp. 911-926. Disponible en línea en: https://doi.org/10.1016/j.jbusres.2020.11.001

RODWAY, P. y SCHEPMAN, A. (2023), «The impact of adopting AI educational technologies on projected course satisfaction in university students», en *Computers & Education: Artificial Intelligence, 5*, 100150. Disponible en línea en: https://doi.org/10.1016/j.caeai.2023.100150

SANUSI, I. T. *et al.* (2023), «A systematic review of teaching and learning machine learning in K-12 education», en *Education and Information Technologies, 28* (5), pp. 5967-5997. Disponible en línea en: https://doi.org/10.1007/s10639-022-11416-7

SPADA, I. *et al.* (2022), «Are universities ready to deliver digital skills and competences? A text mining-based case study of marketing courses in Italy», en *Technological Forecasting and Social Change, 182*, 121869. Disponible en línea en: https://doi.org/10.1016/j.techfore.2022.121869

VECCHIARINI, M. y SOMIÀ, T. (2023), «Redefining entrepreneurship education in the age of artificial intelligence: An explorative analysis», *The International Journal of Management Education, 21* (3), 100879. Disponible en línea en: https://doi.org/10.1016/j.ijme.2023.100879

WARBURTON, K. (2003), «Deep learning and education for sustainability», en *International Journal of Sustainability in Higher Education, 4* (1), pp. 44-56. Disponible en línea en: https://doi.org/10.1108/14676370310455332

REDEFINIENDO FRONTERAS: EL PAPEL INNOVADOR DE LA INTELIGENCIA ARTIFICIAL EN LA EDUCACIÓN Y LA COMUNICACIÓN

FERNANDO GALINDO RUBIO
UNIVERSIDAD PONTIFICIA DE SALAMANCA

JORGE MIRANDA GALBE
UNIVERSIDAD COMPLUTENSE DE MADRID

ESMERALDA ROMÁN QUIÑONES
UNIVERSIDAD PONTIFICIA DE SALAMANCA

¿DE DÓNDE VENIMOS? LA IA COMO RESULTADO DEL PROCESO EVOLUTIVO DE LA TECNOLOGÍA DIGITAL

No es poco frecuente intentar entender la inteligencia artificial como una nueva expresión tecnológica que, partiendo de cero, irrumpe en el panorama educativo y comunicacional. Nada más lejos de la realidad, en verdad, la inteligencia artificial es sobre todo fruto de la evolución y del crecimiento geométrico atisbado por Moore en 1965 y que vaticinaba que llegaría un momento en el que los tres parámetros fundamentales para la tecnología digital, velocidad de proceso, capacidad de memoria y ancho de banda disponible, dejarían de ser críticos.

Ese momento parece haber llegado y la suma de esas tres variables permite la eclosión, no ya de una nueva tecnología computacional, que ya existe desde Turing (1950), sino de la eclosión de un grupo de herramientas que, al conjugar todo ese poder, recrean –emulan, imitan– la forma de pensar del ser humano.

En la velocidad del proceso radica sobre todo la capacidad de aprendizaje de los sistemas de inteligencia artificial. El *machine learning* consistente en el análisis y etiquetado de miles de millones de parámetros de cientos de millones de documentos que pueblan internet es un trabajo que solo ahora es posible con la velocidad computacional disponible. Las granjas de ordenadores, los superordenadores como el español *Mare Nostrum*, en Barcelona, son el medio para estas tareas que en muy poco tiempo y siguiendo la ley de la exponencialidad, alcanzarán otro hito histórico que volverá a cambiarlo todo: la tecnología cuántica que multiplicará holgadamente los procesamientos.

En el apartado de la memoria digital, desde hace tiempo sustituta o al menos, alternativa de la humana, este crecimiento se ha reflejado en el traslado de la misma a espacios virtuales desde los cuales acceder a la información. La «nube», ese espacio abstracto donde está todo, se ha vuelto el lugar imprescindible donde acumular la información, los datos. Y el dispositivo desde el que acceder a esa fuente global de conocimiento y en el que compartir, ha sido encarnado en el *smartphone*, la nueva gran enciclopedia a mano, a cualquier hora en cualquier lugar.

El ancho de banda, la capacidad que tiene un canal para distribuir información de un sitio a otro, de un servidor a un móvil, de un portátil a la nube, etc., es el tercer eje. Esa rapidez en la transmisión permite el consumo de contenido con inmediatez da igual del tipo de archivo: texto, audio, imagen o vídeo. Hace unos años, no muchos, la mayoría de las personas conocían y protestaban por el bajo ancho de banda de la wifi de su hogar, o presumían del alto ancho de banda de la red de su oficina. Ahora mismo, es difícil que un joven sepa cuál es el ancho de banda que provee su *smartphone* 5G. No lo necesita saber, ya no es relevante, porque ya tiene disponibilidad inmediata.

La combinación de estas tres variables, su evolución, es la que ha permitido la expansión de las herramientas de inteligencia generativa de texto como ChatGPT[14], Bing[15], Bard[16], las de imagen como Midjourney[17], Leonardo AI[18], Dall-e[19] o Stable Difussion[20], las de audio, como ElevenLab[21] o Vall-e[22] y las de vídeo como RunWay[23] o Pika[24].

Lo que viene por delante, no por su importante similitud con la ciencia ficción narrada en las películas de la década de los 80, en algunos capítulos de *Black Mirror* o en la obra de Carl Sagan (Pepper, 2021) dejará de suceder. Algunos autores menos ficcionales –José Cordeiro (2012) o Peter Diamandis (2016), entre otros– a pesar de ser considerados en ciertos círculos y momentos como «charlatanes», llevan años, más de una década, anunciando que esta evolución tecnológica que ahora estamos empezando a conocer va a cambiar de manera radical el mundo conocido en apenas unos lustros, más que en los últimos mil años. Es en realidad un cambio radical de paradigma del conocimiento, no es solo un avance, ni siquiera una revolución. Es algo mayor. Casi todos estos autores hablan de un ente compartido –una *metainteligencia* en palabras de Diamandis o un tercer hemisferio cerebral en las de Cordeiro– que proveerá de conocimiento universal permanentemente y a demanda de manera instantánea a cualquier usuario, y que se alimentará del conocimiento compartido de todos ellos.

---

14 ChatGPT. Acceso y especificaciones disponibles en: https://chat.openai.com/

15 Bing. Acceso disponible en: https://www.bing.com/

16 Google Bard. Acceso disponible en: https://bard.google.com/chat

17 Midjourney. Acceso y especificaciones disponibles en: https://www.midjourney.com/

18 Leonardo AI. Acceso y especificaciones disponibles en: https://leonardo.ai/

19 Dall-e de OpenAI. Acceso y especificaciones disponibles en: https://openai.com/dall-e-3

20 Stable Difussion. Acceso disponible en: https://stablediffusionweb.com/

21 ElevenLab. Acceso disponible en: https://elevenlabs.io/voice-lab

22 Vall-e. Especificaciones disponibles en: https://vall-e.pro/

23 RunWay. Acceso disponible en: https://runwayml.com/

24 Pika. Acceso disponible en: https://pika.art

No se trata, insisten, de una cosa nueva, sino de una proyección teórica: si todos los parámetros y variables que afectan a un sistema de inteligencia artificial evolucionan a este ritmo, ha de ser posible que ese gran cerebro –que no, Gran Hermano– sea el punto de partida del conocimiento del ser humano.

¿EN QUÉ PUNTO ESTAMOS? LAS IAS APLICADAS A LA EDUCACIÓN Y A LA COMUNICACIÓN

La irrupción de, sobre todo ChatGPT, ha traído un debate ardiente a los sectores de la educación y la comunicación. Es importante revisar los porqués y analizar si es correcta esta controversia, hasta qué punto y qué se puede aprovechar.

Las herramientas generativas de IA similares a ChatGPT están basadas en un tipo de procesamiento denominado LNP (Lenguaje Natural de Procesamiento), cuyo objetivo es simular la forma de pensar y de conversar del ser humano. La mayoría de ellas, han sido sometidas a un proceso de aprendizaje automático en el que han revisado millones de documentos hasta una fecha concreta –en ChatGPT en su versión gratuita, hasta diciembre de 2021– etiquetando y clasificando todos los aspectos que han sido considerado relevantes de cada documento para, de esa manera componer un banco de conocimiento inmenso que sirva como almacén para alimentar un comportamiento basado en la emulación de las redes neuronales del cerebro humano.

Es decir, de la misma manera que el teclado predictivo de una aplicación de mensajería ofrece alternativas en el momento de la escritura, estas herramientas se expresan juntando palabras e ideas por probabilidad. Analizan con velocidad hipersónica el contenido de una pregunta, y ofrecen una respuesta sintética establecida en función de la mayor probabilidad posible de acierto. De la cantidad de veces que una pregunta como esa ha sido respondida en el vastísimo mar de documentos de su almacén de conocimiento aprendido. Con ello, emula la conversación, imita al ser humano.

Sin embargo, existe un mantra popular que desdeña estas herramientas, considerando que fallan mucho o, incluso, que mienten. Aparte de las «alucinaciones», como se ha quedado en denominar a los errores de algunas de estas aplicaciones, la gran mayoría de los errores tienen que ver con dos aspectos:

- Estos sistemas conversacionales no han sido ideados como «gurús» del conocimiento, sino que son eso, simuladores de conversación, de uso de lenguaje natural por máquinas. En algunas de estas herramientas, en su programación se premia el seguir conversando, aunque en esa conversación se incluyan inexactitudes o datos falsos. De hecho, la propia herramienta indica en su interface, de manera clara: «ChatGPT puede cometer errores. Considera verificar la información importante».

- La mayoría de los datos falsos que ofrecen las respuestas de estas herramientas no son datos inventados. Sucede que es fácil que mucha de la información que han procesado de manera previa en su aprendizaje profundo, sea información errónea de partida. Es decir, internet está plagado de contenido inexacto y erróneo, por lo que no es sencillo para la herramienta dirimir la calidad del contenido y, por tanto, se limita a trabajar con la probabilidad de acierto.

Con estas circunstancias, se está produciendo un efecto de frustración en usuarios escépticos que ven cómo su primer intento de acercamiento, habitualmente «Haz un poema de amor con mi nombre» sea muy alentador, pero que tras la segunda pregunta: «¿Quién ganará el partido de mañana?» o de la tercera «Haz mi biografía», tras respuestas evasivas y lógicas excusas del sistema, se decaiga en el uso de la herramienta y se pase a la acera del negacionismo tecnológico.

A esta contra-corriente se le unen, casi por sistema, en los dos ámbitos de trabajo de este artículo, tanto los medios de comunicación tradicionales, en representación, según ellos, de la profesión y las instituciones educativas, como sobre todo las universitarias, en defensa, también según ellas, de los académicos. Su mundo se resquebraja y nada parece poder detenerlo.

Los medios de comunicación ven cómo estas herramientas pueden mermar más aún su influencia y audiencia, ya disminuida desde hace años con las VOD, los pódcasts y las redes sociales. Si la calidad del mensaje (técnica y de contenido) pasaba hasta ahora por sus estructuras, estas herramientas parecen indicar que la idea de Tofler (1975) del *prosumer* (*producer+consumer*) en el ciudadano de a pie se consolida, crece y aumenta.

Ni qué decir sobre las instituciones educativas, donde todo el modelo educativo está sobre la mesa. ¿Es realista seguir pensando en un modelo de transmisión de conocimiento vertical descendente cuando existen herramientas que te pueden ayudar a pensar, que te ofrecen todos los datos de manera inmediata, que te permiten compartir y aumentar el conocimiento de manera significativa? La respuesta es un abismo. Pero mirar a otro lado es una torpeza extrema.

En los días en los que se redacta este artículo se debate en la Unión Europea la primera ley que quiere regular la IA. El problema es, ¿qué se quiere regular? Nadie está cercano de tenerlo claro. Es algo así como regular internet, o incluso la imprenta. Se puede prohibir su uso, pero eso no va a garantizar que no suceda. internet, la vía de tren por la que circula la IA es global, y solo un corte de cables global la podría frenar. Y siendo egoísta, es preferible que no se corte ese cable, porque la IA, además del ya mítico chat, también es la que determina los diagnósticos de muchas enfermedades, los grandes cálculos de estructuras públicas y será capaz de colaborar, sin duda, a solventar algunos de los grandes y urgentes problemas como la crisis energética, la despoblación o la brecha digital.

¿Qué hacer en los contextos educativos y comunicacionales? Urbano García (2023), director de Innovación y Digital de RTVE lo ha expresado de manera muy sencilla en unas jornadas de IA y comunicación en Mérida: «no nos va a quitar el trabajo la inteligencia artificial, nos lo van a quitar los profesionales que sepan usar la inteligencia artificial». Ésa debe ser la apuesta, profesionales híbridos.

En el contexto de la educación, profesores que se acompañen de las herramientas para aprender. El cambio es el vector: dejar de ser magistrales para ser acompañantes. Alguien que guíe al alumno en su propio descubrir el conocimiento a través de estas herramientas que, con honestidad, «atesoran» más cantidad de conocimiento que un profesor al uso, que no se cansan de re-explicar los conceptos y que, lógicamente, no tienen un mal día porque su bebé con cólicos esta noche no les ha dejado dormir.

En el ámbito de la comunicación, periodistas, comunicadores audiovisuales y profesionales de la publicidad, las relaciones públicas o el marketing, que exploren qué procesos pueden ser desarrollados en menos tiempo sin merma de calidad (análisis de contenido, corrección fotográfica, edición multicámara de entrevistas, redacción de *posts* para redes sociales o de *mailings*...) y qué procesos pueden ser utilizados como punto de partida, como primer boceto (guiones, logos, estructuras de noticias o reportajes, composición de fotografía...).

En ambos casos, el profesional no ha de desaparecer. Desaparecerá, como bien orienta Urbano García, aquel que no sepa combinarse con este desarrollo tecnológico, que no se hibride con él. En el mejor de los casos, y como viene siendo habitual cada vez que se adopta una tecnología (el fuego, las herramientas, las armas para cazar, la imprenta, los ordenadores...) el efecto positivo a largo plazo será que el hombre liberará tiempo de su día a día para las cosas que le enriquecen: el pensamiento, el arte, el ocio o la cultura.

EMPECEMOS. ¿CÓMO TRABAJAR CON LAS INTELIGENCIAS ARTIFICIALES? DEL *PROMPT* A LA CONVERSACIÓN MULTIMODAL

Existen en educación y en comunicación dos grandes tipos de herramientas de inteligencia artificial, los automatismos y las generativas. Los primeros, aunque muy útiles, son carentes de interés para el propósito de este apartado. Son los que generan contenido a partir de patrones (Jiménez, 2022), respuestas dirigidas en función de las variables de entrada. Por ejemplo, convertir un texto en un audio que pronuncia ese texto con la voz de Chiquito de la Calzada. Siempre que se transmita la misma secuencia de solicitud, la respuesta será idéntica.

En cambio, la segunda de las posibilidades, las inteligencias artificiales generativas, siempre generan contenido nuevo. Esto es lo que las hace diferentes, impredecibles y genuinas. Por esto asustan. Por esto no hay forma de detectar si son humanas o artificiales, porque utilizan los mismos procesos de creación que el ser humano: un modelo basado en redes neuronales que mediante procesos mentales asociativos, tanto ascendentes como descendentes, es capaz de simular el pensamiento y la respuesta (Gagné, 1985).

EL *PROMPT* O SECUENCIA DE SOLICITUD

La forma básica de interacción con estas herramientas es el *prompt*. Una frase en la que se indica qué se quiere. Esta frase debe contener ideas, detalles, tono, descripciones. El sistema los valora como *tokens*, como grupos de palabras. En función de la sofisticación de la versión, el sistema permite más o menos *tokens*, que en realidad quiere decir, un texto de mayor o menor longitud, y con ello, mayor o menor detalle.

El *prompt* debe ser una mezcla, sobre todo en las herramientas de generación de imagen, como Midjourney, de saber técnico y saber literario. Se deben combinar datos del tipo «HDR (alto rango dinámico)» o «Profundidad de campo» con descripción literaria lo más matizada posible de la escena que se busca.

Un ejemplo. El siguiente *prompt*:

> Foto moderna de estilo callejero tomada desde arriba, en Fujifilm, que captura a una gran multitud de viajeros caminando por las calles, en una mañana animada en Salamanca, los rostros están nítidamente desenfocados en la multitud, llevan ropa deportiva de calle, pero es la mujer de rojo la que llama tu atención, el cálido resplandor del amanecer irrumpe a través de la niebla, mientras que los agudos rayos del sol y la cuidadosa composición enfatiza las emociones en la multitud y la elegancia de la mujer en rojo, HDR, cinematográfico, profundidad de campo, colores vivos, 4K, --ar 3:2 --v 5.2.

Entrega las siguientes cuatro imágenes:

FIGURA 1.
Resultado de imagen a través de *propmt* en Midjourney v.5.2. Elaboración propia

Con este tipo de secuencias se obtienen resultados precisos, pero lógicamente, cierran el paso al usuario no avezado a un uso profesional de las mismas.

LA CONVERSACIÓN MULTIMODAL

Las últimas versiones de algunas de estas herramientas comienzan a cruzar el tipo de contenido para seguir avanzando en las posibilidades de creación. De esta manera, por ejemplo, la versión de pago de ChatGPT, la 4, permite la combinación del propio chat con otras desarrolladas por la propia compañía OpenAI como Dall-e 3, generativa de imagen o Advance Data Analysis, que permite el proceso avanzado de datos.

Esa integración permite, por ende, obtener resultados de imagen o de análisis de datos sin necesidad de *background* técnico. Es decir, es cuestión de ir pidiendo al sistema mediante conversación natural los resultados deseados tanto de imagen como de otros proyectos.

Para entender de manera más lógica, se presenta este ejemplo.

CONVERSACIÓN CHATGPT 4 + DALL-E 3 DESARROLLADA EL 7 DE DICIEMBRE DE 2023

YO: Haz un dibujo de un árbol de Navidad.

CHAT: Aquí tienes un dibujo de un árbol de Navidad. Espero que capte la esencia festiva que buscabas.

YO: Uff, es un árbol muy recargado, con demasiados adornos, ¿podrías ser algo, cómo decirte…, más «minimal»?

CHAT: Aquí tienes una versión minimalista del árbol de Navidad. Espero que este diseño se ajuste más a lo que buscas.

YO: Sí, este me gusta mucho más, ¡dónde va a parar!

CHAT: ¡Me alegra saber que te gusta el diseño minimalista del árbol de Navidad! Si tienes alguna otra solicitud o necesitas algo más, no dudes en decírmelo. ¡Felices fiestas!

YO:º   De todas formas, ese árbol, cuyo estilo me encanta, es muy realista, yo hablaba más bien de un dibujo...

CHAT: He creado una ilustración más estilizada y de aspecto dibujado a mano de un árbol de Navidad minimalista. Espero que este estilo cumpla con tus expectativas.

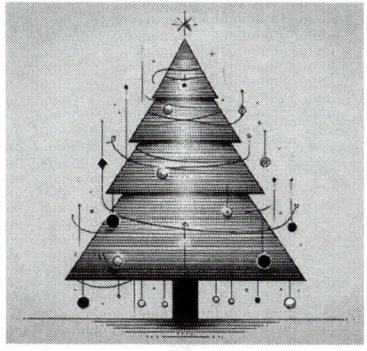

YO: ¡Qué buenoooo!

CHAT: ¡Me alegro mucho de que te guste! Si tienes alguna otra petición estaré encantado de ayudarte. ¡Disfruta de tu ilustración!

YO: El caso es que sí, si ese mismo árbol pudiera tener las bolas en color rojo, sería genial.

CHAT: Aquí tienes la ilustración del árbol de Navidad, con los adornos rojos y el estilo minimalista. Espero que esta versión se alinee aún más con tus preferencias.

YO: Me flipa, ¿podrías poner este mensaje en la parte de abajo: Feliz Navidad? Si puede ser, que sea en letras de color rojo con tipo de fuente palo seco.

CHAT: He añadido el mensaje «Feliz Navidad» en la parte inferior de la ilustración del árbol de Navidad, utilizando una fuente Sans-serif en color rojo. Espero que este toque final sea de tu agrado.

YO: Esta sí que sí la voy a usar para felicitar a mis amigos. ¿Te parece que diga que la has hecho tú? ¿La he hecho yo? O, ¿la hemos hecho entre los dos? ¿Qué es lo más correcto?

CHAT: Me alegra que te guste la ilustración final. En cuanto a cómo describir su creación, es una colaboración entre ambos. Puedes decir que fue diseñada con la ayuda de una inteligencia artificial de OpenAI. Esto da crédito a la tecnología que utilizamos y también reconoce tu papel en la definición del concepto y los detalles. ¡Es una creación conjunta! Disfruta compartiéndola con tus amigos.

Por tanto, y siguiendo la propuesta de la mencionada ley en el sentido de revelar el contenido generado por la IA, este producto comunicativo desarrollado de manera conjunta entre ChatGPT4, Dall-e 3 y los autores de este artículo, es el ejemplo más representativo posible de cómo sin necesidad de conocimiento técnico previo, se pueden lograr resultados interesantes solo conversando.

CONCLUSIONES

Esta técnica productiva conversacional ha de generar una oportunidad importante de crecimiento y equilibrio de las denostadas humanidades y de las ciencias sociales. Si las merecidamente influyentes *STEM* en los últimos años han sido el polo hacia el cual se han dirigido todas las miradas del futuro laboral de quienes inician sus estudios, el desarrollo de esta tecnología y de su modo de interacción conllevan un retroceso en el peso de las mismas, ya que si algo sabe hacer bien esta tecnología son los procesos computacionales y la programación informática. En cambio, las técnicas de negociación, las habilidades blandas, el dominio del lenguaje, las teorías y metodologías educativas, las teorías de la información y la expresión oral y escrita parecen revelarse como claves para el manejo de un nuevo tipo de interfaces que, si todo sigue así, terminarán por ser similares a una lámpara de Aladino a la que solicitar de manera conversacional (hablada o escrita) los deseos productivos.

Para finalizar y como última conclusión, de todo lo expuesto subyace que la hibridación entre hombre y máquina es mejor que un hombre solo o una máquina sola y que de esta coalición han de surgir no solo nuevas ideas, resultados, producciones, sino nuevas profesiones y entornos de conocimientos aún no explorados que mejorarán la sociedad y al ser humano.

REFERENCIAS BIBLIOGRÁFICAS

DIAMANDIS, P. (2016), «Exponential growth will transform humanity in the next 30 years», en *Singularity Hub*. Disponible en línea en: https://singularityhub.com/2016/12/21/exponential-growth-will-transform-humanity-in-the-next-30-years

CORDEIRO, J. (2012), Entrevista en el programa de Canal 0 (Movistar +) «Cuando ya no esté». Disponible en línea en: https://www.youtube.com/watch?v=nNR756j_Pso

GAGNÉ, E. D. (1985), *The cognitive psychology of school learning*, Boston, MA: Little, Brown and Company.

GARCÍA, U. (2023), «Comunicación en movilidad e IA. ¿Nos sustituirán las máquinas?», en *V Encuentro Internacional de Periodismo Móvil y Cultura (Mojo+C)*, Mérida (Spain). Disponible en línea en: https://www.youtube.com/watch?v=XOw0FubJ4G4

JIMÉNEZ, J. F. (2022), *El uso de la inteligencia artificial en la prensa española, nuevos perfiles profesionales y tendencias en la formación*, [Tesis doctoral], Escuela internacional de doctorado CEU CEINDO.

MOORE, G. E. (1975), *Progress in digital integrated electronics*, IEEE International Electron Devices Meeting, IEDM Technical Digest, 1975.

PEPPER, B. (2021), «Artificial intelligence: What sre the thoughts of a computer? Did Carl Sagan predict the computer mind?», en *Medium*. Disponible en línea en: https://medium.com/illumination-curated/artificial-intelligence-what-are-the-thoughts-of-a-computer-17dafd80f3ab

TOFFLER, A. (1979), *La tercera ola*, Plaza & Janés, Barcelona.

TURING, A. (1950), «Computing machinery and intelligence», en *Mind*, 59 (236), pp. 433-460.

LA INTELIGENCIA ARTIFICIAL EN LA FORMACIÓN EN DISEÑO DE LOS GRADOS DE PERIODISMO Y COMUNICACIÓN

10

ARÁNZAZU ROMÁN SAN MIGUEL
UNIVERSIDAD DE SEVILLA

FRANCISCO J. OLIVARES GARCÍA
UNIVERSIDAD DE SEVILLA

INTRODUCCIÓN

La inteligencia artificial (IA) está reportando beneficios millonarios a las tecnológicas, pero quedarse en el dato macroeconómico o caer en el desánimo de que otros se enriquecen a nuestra costa no nos lleva a ningún sitio. Según publicaba *El País* el 4 de noviembre de 2023, Apple, Microsoft, Alphabet, Amazon y Meta aumentaban sus ganancias un 45% en el tercer trimestre del año, cerrando el período con récord de ingresos y beneficios (Jiménez, 2023, p. 42). La IA está de moda, en auge, pero llevamos usándola bastante tiempo o llevan usándola bastante tiempo sin que la población haya sido del todo consciente. Quizá lo que diferencia la situación actual de la anterior sea la consciencia, bueno, y también la facilidad para que el usuario de a pie pueda utilizar la IA sin ningún conocimiento de ingeniería de datos.

La respuesta ante la realidad de la IA en la enseñanza no puede ser la negación o la animadversión, porque puede ser muy útil para la recuperación de información, pero esta información tiene que ser procesada por el estudiantado para que se produzca el proceso de aprendizaje. Si el alumnado se dedica a copiar en el portapapeles aquello que la máquina ha generado a partir de una serie de parámetros, se pierde la capacidad de análisis y, por tanto, el aprendizaje. Otra cosa es la generación de conocimiento. Es cierto que la IA genera conocimiento, pero genera un conocimiento artificial, que puede llegar a ser incomprensible para el ser humano, como dice Javier Sampedro en un artículo publicado en *El País* (2023, p. 14) «los neurocientíficos están obteniendo tal raudal de información sobre el cerebro que no hay mente humana que lo pueda digerir, metabolizar y convertir en conocimiento». Si las máquinas generan todo el conocimiento, ya volcado previamente en otras máquinas, ¿dónde queda la capacidad humana de gestión de la información, análisis, creación de contenido nuevo y generación de conocimiento humano? La máquina nos dará todos los resultados, pero si no sabemos de dónde procede ese resultado, nos habremos saltado todo el proceso de la cadena de aprendizaje, con lo que la pobreza intelectual está asegurada.

Otra cosa es utilizar la IA al servicio del aprendizaje y la generación de conocimiento. Utilizar motores de búsqueda de información inteligentes que nos ayuden a generar conocimiento, pero una vez procesada esa información y enmarcada en un contexto más amplio.

Dentro del aula, el uso de entornos virtuales no debe hacer que se pierda el sentido de lo que es el proceso de enseñanza-aprendizaje. Una cosa son las herramientas y otra diferente las competencias que se necesitan adquirir dentro de los procesos educativos de cualquier tipo.

En el caso concreto del aprendizaje del periodismo en general y de la tecnología y diseño de la información escrita en particular, se hace mucho más sencillo gracias a las posibilidades que ofrece esta rama de la informática; pues crea agentes inteligentes que ayudan a la hora del desempeño de las tareas propias de esta disciplina. En el caso concreto del diseño, gracias al vertiginoso avance tecnológico que se ha venido produciendo en las últimas décadas, el trabajo de los profesionales de la información se ha visto cada vez más simplificado. No obstante, conocer de dónde venimos siempre nos hace llegar más lejos. Atrás quedaron las tablillas de cera, el papiro y el pergamino, por no hablar de la piedra y el metal tallados, pero las tipografías que se utilizaron en estos soportes han llegado hasta nuestros días y se siguen utilizando digitalizadas en los modernos sistemas informáticos que utiliza IA para su desarrollo.

INTELIGENCIA ARTIFICIAL COMO PARTE DE LOS SERVICIOS DE INTERNET

Aunque no hay una relación directa entre el uso de aplicaciones de IA e internet, las plataformas que ofrecen estos servicios lo hacen en una página web y es en internet donde se accede a las aplicaciones tanto de escritorio como móviles.

La facilidad actual de acceso a aplicaciones de inteligencia artificial contrasta con la complicación que suponía acceder a las primeras experiencias de escritura automatizada usando GPT 3 que ofrecía OpenAI en 2020. Sin embargo, cuando esta misma empresa lanzó en junio de 2023 la versión GPT 3.5, a los pocos meses puso en marcha una versión *chatbot* a la que se accedía desde una página web y que permitía la conversación usando lenguaje natural. Algo parecido ocurrió con la apuesta de Google por la inteligencia artificial, Bard, que desde enero de 2023 está disponible en un *chatbot* alojado en bard.google.com.

Es complejo entender lo que hay detrás de aplicaciones que ya son tan populares como ChatGPT o Bard. En el fondo, estas aplicaciones no son más que el comienzo de un proceso mucho mayor iniciado hace años que ya ha empezado a cambiar la forma en que nos relacionamos con internet. Cuando aparecieron los primeros buscadores, la forma de relacionarse con ellos era usar términos de búsqueda precisos que estuvieran incluidos en el contenido de aquello que se quería encontrar. Por ejemplo, para conocer el horario de apertura del ayuntamiento de Málaga habría que poner: «horario apertura ayuntamiento Málaga», evitando las palabras más comunes que podrían generar un listado de resultados poco preciso. Sería algo parecido a una búsqueda booleana de «horario + apertura + ayuntamiento + Málaga». El resultado es una serie de sitios de internet en los que puedo encontrar la respuesta que busco. Sin embargo, si accedo a Bard, puedo directamente escribir: «¿A qué hora abre el ayuntamiento de Málaga?», y el sistema responde con un texto como este:

> El Ayuntamiento de Málaga abre de lunes a viernes de 09:00 a 14:00 horas. El horario de atención presencial es de 09:00 a 14:00 horas.

El resultado y la experiencia es muy similar a usar un asistente virtual en modo voz, a pesar de que se trata de modelos de lenguajes diferentes puesto que Bard es un lenguaje factual, mientras que un asistente virtual usa un modelo de lenguaje conversacional.

Los programas que usamos en 2024 son aplicaciones generadas sobre modelos mucho más complejos, por ejemplo, desde diciembre de 2023, el modelo de IA más avanzado de Google es PaLM. PaLM es un modelo de lenguaje factual de 540 mil millones de parámetros, entrenado en un conjunto de datos de texto y código de 500 mil millones de palabras. PaLM puede realizar una variedad de tareas de IA, incluyendo:

- **Generar texto**: puede generar texto creativo, como poemas, códigos, guiones, piezas musicales, correos electrónicos, cartas, etc.

- **Traducir idiomas**: puede traducir textos de un idioma a otro con una precisión impresionante.

- **Responder a preguntas**: puede responder a preguntas de manera informativa, incluso si son abiertas, desafiantes o extrañas.

El modelo de IA más avanzado de OpenAI es GPT 4, un modelo de lenguaje generativo de 1.75 mil millones de parámetros, entrenado en un conjunto de datos de texto y código de 1.5 mil millones de palabras. GPT 4 es especialmente bueno para generar texto creativo, como poemas, códigos, guiones, piezas musicales, correos electrónicos, cartas, etc.

Con el tiempo, estas aplicaciones, que están basadas en complejos modelos, se van integrando en programas de uso habitual, como por ejemplo el correo electrónico, procesadores de texto, hojas de cálculo, etc., y se genera un uso casi invisible, de manera que las búsquedas en las que se obtiene como resultado un listado de sitios, serán sustituidas por la información contenida en los sitios. De hecho, Google ya responde así desde hace un tiempo. Cuando se le pregunta por la predicción del tiempo para un día concreto, el primer resultado es el dato concreto de temperatura y posibilidad de lluvia, no un enlace a una página que contiene los datos buscados. Una aplicación de inteligencia artificial es ya capaz de analizar diferentes variantes y relacionar datos para ofrecer una respuesta adecuada a cada circunstancia.

Además de Google y OpenAI, muchas grandes empresas están invirtiendo en desarrollo de IA, tanto en solitario como en consorcios. Microsoft, uno de los principales socios de OpenAI tiene ya en marcha un proyecto llamado Copilot cuyo objetivo es ayudar a los usuarios a escribir código, generar texto creativo y responder a preguntas, integrándolo en las aplicaciones de Office 365.

Las aplicaciones de inteligencia artificial no solo son capaces de generar todo tipo de textos a partir de una solicitud por parte del usuario, sino también han destacado en la creación artística de imágenes. En este sentido, OpenAI presentó en enero de 2021 Dall-e, una aplicación que generaba imágenes desde un texto descriptivo aportado por el usuario, usando lenguaje natural.

Además de Dall-e, otras empresas han desarrollado aplicaciones similares para la creación de imágenes. Entre las más conocidas destacan Midjourney o Stable Diffusion.

El avance de la inteligencia artificial y cómo afecta a los ciudadanos ha motivado que la Unión Europea (UE) haya puesto en marcha una ley de Inteligencia Artificial (IA Act), que tiene como objetivo regular el desarrollo y uso de la IA en la UE. La ley fue aprobada por el Parlamento Europeo el 8 de diciembre de 2023 y entrará en vigor en 2024. Pueden consultarse todos los documentos en la nota de prensa publicada por el Consejo de la Unión Europea el 9 de diciembre de 2023.

La ley establece un conjunto de normas generales para los sistemas de IA que se utilicen en la UE. Estas normas están diseñadas para garantizar que los sistemas de IA sean seguros, éticos y respetuosos con los derechos fundamentales.

La ley prohíbe el uso de sistemas de IA para fines que sean discriminatorios, manipuladores o que violen los derechos fundamentales. También exige que los sistemas de IA que se utilicen en aplicaciones de alto riesgo, como la vigilancia o la toma de decisiones automatizada, sean sometidos a una evaluación de riesgos. La ley también establece un nuevo organismo de la UE, la Autoridad Europea de IA, que será responsable de supervisar el cumplimiento de la ley.

Entre todas las ventajas vistas más arriba, destacan las que ayudan a los usuarios a ser más productivos y a ahorrar tiempo en tareas rutinarias que impliquen el análisis o la creación de textos. También, en el caso que nos ocupa, es importante el uso de aplicaciones para crear imágenes digitales libres de derecho. Precisamente muchas de estas tareas coinciden con el trabajo de los estudiantes universitarios.

LA IA EN TECNOLOGÍA Y DISEÑO DE LA INFORMACIÓN ESCRITA

En la asignatura obligatoria de segundo de Periodismo de la Universidad de Sevilla «Tecnología y Diseño de la Información Escrita» se viene trabajando desde el curso 2021-2022 con un programa de diseño gráfico y maquetación intuitivo, *online* y gratuito llamado Figma. Pero antes de empezar a trabajar con Figma el alumnado tiene que conocer algunos conceptos básicos de la historia de las tecnologías que han condicionado el diseño de los medios escritos y de cómo éste ha ido evolucionando a lo largo del tiempo.

Bien es cierto que esta información los estudiantes podrían obtenerla en internet buscando la información por su cuenta o recurriendo a la vasta bibliografía que existe sobre estos temas, pero ¿está dispuesto el alumnado a hacer este ejercicio de recopilación, selección, análisis, síntesis y comprensión de los contenidos? La experiencia nos dice que no. Si dejáramos al alumnado que preparara el programa de la asignatura nos encontraríamos con una minoría que trabajaría los temas de la forma correcta para llegar al aprendizaje. La mayoría se decantaría por descargarse los apuntes a través de plataformas que comparten apuntes de cursos anteriores (para evitar estas prácticas el profesorado de la asignatura actualiza todos y cambia uno o dos temas cada curso) y otros recurrirían directamente a la IA para que les generara unos apuntes diferenciados del resto, si es que esto les asegurara una nota mejor. ¿Tenemos una bola de cristal para saberlo? No, impartimos docencia en el aula cada día, donde nos encontramos que, en las horas de teoría, donde se pasa lista para garantizar la asistencia del alumnado, cuando se imparte un tema que previamente han podido descargar de una plataforma que comparte apuntes, la mayoría, en el mejor de los casos, subrayan los apuntes previamente descargados o directamente miran las redes sociales, incluyendo charlas por WhatsApp en plena clase. Otros directamente están mirando la pantalla del ordenador en negro o en blanco, o navegando por internet sin prestar atención a los ejemplos que se ponen en clase.

En cuanto a la parte práctica, en esta el alumnado sí está más despierto, porque se le exige estarlo, si no, también recurriría a la tecnología para que le hiciera el trabajo, la IA juega un papel primordial.

En el ámbito de lo que se conoce como «tutoría inteligente» definido por Manrique, Sakibaru, Flores, Morote, Rodríguez y Vizcarra (2023) como «Cualquier programa informático que tenga inteligencia y pueda utilizarse en entornos educativos» (p. 16); en la asignatura de Tecnología y Diseño de la Información Escrita se trabaja con la plataforma de enseñanza virtual propia de la Universidad de Sevilla. Esta plataforma tiene dados de alta los grupos de clase que imparten docencia en la Universidad de Sevilla donde tienen acceso el profesorado y el alumnado con roles diferentes. En esta plataforma el profesorado puede compartir con el alumnado todo tipo de información, desde documentos en diferentes formatos a enlaces de internet, proponer actividades que corrige y evalúa el profesorado, e incluso exámenes cuyos resultados puede conocer el alumnado en el mismo momento en que envía las respuestas. Asimismo, el alumnado puede compartir con el profesorado y con el resto de la clase información a través de mensajes individualizados o en grupo.

Pero más allá de esta plataforma genérica, Figma, el programa con el que se trabaja en la asignatura también permite que el alumnado trabaje junto al profesor o profesora e incluso con el resto de la clase en los proyectos que se crean. Esta herramienta tiene la posibilidad de compartir proyectos con otras personas que, en tiempo real, pueden no solo ver el trabajo que alguien está realizando sino también editarlo, en el caso de que el dueño de la cuenta le de los permisos necesarios. Por tanto, una herramienta de trabajo colaborativo, gratuita, en la que poner en práctica los conocimientos sobre diseño adquiridos en clase, no solo dentro del aula sino en cualquier lugar, gracias a que es una herramienta de acceso gratuito a través de internet. Una posibilidad que no ofrecen otros programas de diseño con los que se venía trabajando anteriormente en la asignatura, tal es el caso de QuarkxPress. La versión comprada por la Universidad de Sevilla ofrece muchas posibilidades de diseño de periódicos y revistas impresos, pero no permite el diseño para medios digitales (sí permite convertir publicaciones impresas en digitales la versión de 2024) y, además, requiere adquirir un *software* de pago para poder trabajar con él.

La «personalización del aprendizaje» es otra de las posibilidades que ofrece la IA y de la que puede sacar un buen rendimiento la materia que nos ocupa. El diseño es un ámbito que tiene que ver más con la creatividad que con la repetición de patrones. En la asignatura trabajamos habitualmente con la clonación de patrones para ofrecer al alumnado unas posibilidades más o menos homogéneas, puesto que la creatividad es muy difícil de valorar y puntuar. No obstante, herramientas que ayuden en el aula a adaptarse al alumnado de diseño serían bienvenidas y es un reto al que se enfrenta el profesorado de la asignatura, buscar aplicaciones que vayan caminando con el alumnado, acompañándolo en su aprendizaje y avanzando con cada persona en su proceso formativo en el ámbito del diseño periodístico.

DE CARA AL FUTURO

La gamificación es un entorno en el que no se ha adentrado la asignatura de Tecnología y Diseño de la Información Escrita, aunque podría considerarse interesante, sobre todo en la parte teórica de la asignatura, que es la que más suele costar al alumnado, a pesar de obtener buenos resultados con la forma de evaluación actual.

En esta disciplina nos planteamos implementar la realidad virtual y la simulación para llevar al alumnado a una redacción de un periódico, donde pueda ver, sentir, incluso oler y respirar el ambiente que allí se respira. Puede ser un buen proyecto de innovación docente para el futuro.

Pero para que todo esto se dé hacen falta varios condicionantes. Por un lado, que haya financiación por parte de los centros educativos, en este caso la Universidad de Sevilla o los organismos públicos que financian esta universidad pública. Pero, por otro lado, hace falta lo más importante, profesorado implicado, con ganas de trabajar, que lo hay (y para eso hace falta que se incentive a los docentes, por ejemplo, reconociendo sus esfuerzos en docencia y no sólo los investigadores en las evaluaciones como los sexenios) y un alumnado comprometido con ganas de aprender y no sólo de aprobar. Grandes retos a los que habrá que hacer frente con ilusión, formación y muchas ganas.

REFERENCIAS BIBLIOGRÁFICAS

MANRIQUE CHÁVEZ, Z. R. *et al.* (2023), *El futuro de la educación: cómo la inteligencia artificial transforma el aula,* Mar Caribe.

SAMPEDRO, J., «Una inteligencia no tan artificial», en *El País,* (9 de noviembre de 2023).

JIMÉNEZ, M., «La inteligencia artificial lleva a beneficios récord a las grandes tecnológicas», en *El País,* (4 de noviembre de 2023).

CONSEJO DE LA UE (9 de diciembre de 2023), «Reglamento de inteligencia artificial: el Consejo y el Parlamento alcanzan un acuerdo sobre las primeras normas del mundo en materia de inteligencia artificial». Disponible en línea en: https://bitly.ws/359eH

INTELIGENCIA ARTIFICIAL Y EDUCOMUNICACIÓN. REVISIÓN CRÍTICA ACERCA DEL ROL DE LA IA EN LA SOCIEDAD HIPERCOMUNICATIVA

JAVIER GARCÍA LÓPEZ
UNIVERSIDAD DE MURCIA

ALICIA LÓPEZ BALSAS
UNIVERSIDAD COMPLUTENSE DE MADRID

INTRODUCCIÓN

Las sociedades actuales se caracterizan, entre otros aspectos, por ser conglomerados humanos hiperconectados e hipercomunicativos. La comunicación humana en la era actual se significa por su hiperconectividad y por su hiperactividad, entre otras particularidades. En este ámbito es donde la tecnología desempeña un papel fundamental en la facilitación de interacciones instantáneas y globales. Las personas se comunican a través de una variedad de plataformas digitales, como redes sociales, aplicaciones de mensajería instantánea, correo electrónico y videoconferencias, lo que ha transformado la forma en que nos relacionamos y compartimos información. Este proceso de mutación social y cultural ha dado como resultado reciente la explosión de la inteligencia artificial como herramienta de uso global, lo cual ha supuesto un dilema ético y moral, a la par que abre un nuevo mundo, una nueva sociedad y, por tanto, un nuevo modo de comunicación humana.

Una nueva sociedad emergía en los albores del siglo XXI, donde la comunicación (y la información) empezaba a fluir a un ritmo vertiginoso, tal y como explicó Virilio (1995), quien argumentó que la velocidad de la información y la comunicación en la era digital afecta nuestra percepción del tiempo y del espacio, generando una sensación de inmediatez. Esa inmediatez a la que ya está acostumbrada la mayoría social en la actualidad y que dirige los procesos de comunicación mayoritarios. En este sentido, Rheingold (1993) ya exploró cómo las tecnologías de la información y la comunicación influyen en la interacción social, destacando el concepto de «comunidades virtuales», donde las personas se conectan y colaboran en línea, creando lazos sociales a pesar de la distancia física. Poco después, Castells (1996) describió la nueva «sociedad red» que emergía y explicó cómo la tecnología de la información moldea las estructuras sociales y destaca la importancia de las redes en la formación de identidades y en la construcción de la realidad social. La conectividad constante también ha llevado al surgimiento de la «cultura de la participación» (Jenkins, 2006), donde los usuarios no solo consumen información, sino que también la crean y comparten a través de plataformas colaborativas en línea. Esto ha impulsado el surgimiento de fenómenos como la inteligencia colectiva y la colaboración en línea (Tapscott y Williams, 2006).

Ante este contexto, algunos autores como Carr (2017), argumentan que el uso intensivo de internet y su tecnología está afectando la forma en que pensamos y procesamos la información. La naturaleza rápida y fragmentada de la información *online* está contribuyendo a una disminución en la capacidad de concentración y reflexión profunda de la humanidad. De modo que la plasticidad del cerebro se ve afectada por la exposición constante a la información rápida y superficial en internet. Aún no hay herramientas para evaluar a largo plazo los efectos neurológicos de internet (sobre todo porque aún no ha pasado el tiempo suficiente para dicho examen); esto es, cuál será su impacto a largo plazo en la cognición y el pensamiento profundo. Pero muchos estudios que abordan los efectos a corto y medio plazo sí aseguran que nos estamos convirtiendo en humanos menos atentos y más torpes para tareas manuales que eran habituales hasta hace poco tiempo. No obstante, la irrupción de la inteligencia artificial en los procesos de comunicación supone dar un paso aún mayor en la automatización de procesos cotidianos y en la relación humano-máquina. No obstante, ciertos comportamientos cuasi patológicos (o patológicos, sin más) como la conexión constante pueden afectar las relaciones interpersonales y la autoestima, destacando la importancia de encontrar un equilibrio entre la vida en línea y la vida fuera de línea (Turkle, 2011). Es más, en el ambiente socioeconómico actual, el medio internet está vehiculando la nueva dinámica de la producción y del consumo (García López y Hellín Ortuño, 2016). Posiblemente se haga necesaria una visión más humanista para coordinar estos tiempos de máxima digitalización (Cabezuelo Lorenzo; Serrano Oceja y López Martín, 2023).

¿Qué tipo de efectos sociales y culturales acarreará la irrupción de la inteligencia artificial? ¿Cómo evolucionará la educación a partir de este momento? ¿Generará la inteligencia artificial nuevos modos de relaciones sociales y, por tanto, comunicativas? Como se puede comprobar, la generalización del uso de la inteligencia artificial plantea una serie de disyuntivas que requieren de una reflexión sosegada. El presente capítulo trata de reflexionar acerca de estas preguntas desde una perspectiva crítica o desde una visión filosófica práctica.

EDUCOMUNICACIÓN EN LAS SOCIEDADES DIGITALIZADAS

Los fundamentos educomunicativos proponen, desde una orientación transdisciplinar, un enfoque de pensamiento y acción que integra la comunicación y la educación para promover un desarrollo integral en individuos y comunidades. El concepto educomunicación se refiere a un enfoque integrador que utiliza herramientas y métodos de comunicación para mejorar los procesos educativos, fomentar el aprendizaje significativo y facilitar la construcción de conocimiento en entornos educativos. Dicho de otro modo, se trata de una perspectiva para la alfabetización mediática (Tur Viñes, Núñez Gómez y Pallarés Piquer, 2023). Es, por tanto, una especie de convergencia de procesos educativos y comunicativos para facilitar un aprendizaje significativo y una participación en la sociedad. Su fundamento principal radica en la idea de que la comunicación es esencial para la construcción del conocimiento y el desarrollo humano. No obstante, la implementación de la educomunicación se puede observar en diversas prácticas educativas y proyectos comunitarios. Desde programas educativos centrados en la producción de medios hasta proyectos de empoderamiento comunitario, la educomunicación se presenta como un enfoque versátil y efectivo. Así que la educomunicación emerge como una disciplina integral que aborda las complejidades de la educación y la comunicación en la sociedad contemporánea. Su impacto en la formación de individuos críticos y participativos la posiciona como un elemento fundamental para el desarrollo integral de las personas y las comunidades en el siglo XXI.

Sin embargo, a pesar del potencial rendimiento que presenta a favor de la sociedad y de la cultura, la educomunicación enfrenta desafíos en la actualidad, como la brecha digital, la falta de integración en los sistemas educativos tradicionales o la propia irrupción de la inteligencia artificial como un elemento nuclear de la comunicación de las sociedades contemporáneas a partir del año 2023 (véase, por ejemplo, la irrupción de ChatGPT como herramienta de uso académico habitual). Sin embargo, se puede pensar que estas dificultades también ofrecen oportunidades para repensar y mejorar la educación mediante enfoques más inclusivos y participativos.

EDUCOMUNICACIÓN, INTELIGENCIA ARTIFICIAL Y LA DOCTRINA DEL *SHOCK* DIGITAL

En la primera década del siglo XXI Klein (2007) propuso la idea de «doctrina del *shock*», cuya idea principal es que las élites económicas y políticas utilizan situaciones de crisis, ya sean naturales o provocadas, con el objetivo de implementar políticas económicas y sociales que de otra manera serían impopulares o difíciles de lograr en condiciones normales. Estas políticas suelen incluir privatizaciones, desregulaciones y recortes en servicios públicos. Siguiendo esta línea de razonamiento y argumentación, Almazán y Riechmann (2020), ante la fuerte dependencia digital de las sociedades contemporáneas, proponen la idea de «doctrina del *shock* digital», que hay que combatir o paliar, al menos. El sustento argumentativo se encuentra en que ciertas élites (se podrían poner los ejemplos de Elon Musk o de Bill Gates[25], entre otros) han aprovechado o van a aprovechar la inevitable estandarización de la IA para su beneficio (económico). Hoy día, con la alta penetración que la inteligencia artificial está teniendo en casi todas las esferas humanas, esta idea se evidencia imprescindible a la hora de reflexionar acerca de los efectos perversos de la IA.

Siguiendo esta línea de argumentación, el propio Riechmann (2020) propone que la dominación de la inteligencia artificial en un mundo interconectado supone una especie de resignación social y aceptación de la dominación de los más poderosos;

---

25 Como el propio Gates ha expresado (*El País*, 19 de diciembre de 2023), «este año hemos podido vislumbrar cómo la IA definirá el futuro, y ahora que 2023 toca a su fin, pienso más que nunca en el mundo que van a heredar los jóvenes de hoy». Es cierto que Gates afirma que piensa trabajar para que la IA ayude a paliar las terribles desigualdades que definen nuestra existencia como humanidad en la actualidad. Pero también es cierto que Gates no determina cómo lo va a hacer y, más aún, cómo lo piensa conseguir; al igual que se manifiesta preocupante que sea uno de los dominadores de la tecnología mundial y cuya fortuna depende del desarrollo y aumento de poder de la misma, quien se erija en salvador global.

«acelere usted el ritmo de las vivencias humanas y la vida social hasta que la abdicación en la IA (inteligencia artificial) parezca algo razonable» (Riechmann, 2020). Una aceleración superficial que, en el sentido de Han (2014), convierte a las sociedades digitalizadas actuales en enjambres caracterizados por la conectividad constante, la fragmentación y atomización, así como la vigilancia sobre los datos de cualquier humano. Esto es, en la actualidad vivimos en una conexión omnipresente a través de dispositivos digitales, lo que afecta la forma en que nos comunicamos, compartimos información y experimentamos la realidad. Además, la tecnología digital (y su desarrollo actual que ha dado con la universalización de la inteligencia artificial) puede llevar a la fragmentación y aislamiento social en lugar de una verdadera conexión. El «enjambre digital» podría representar esta paradoja de estar constantemente conectados, pero, al mismo tiempo, sentirnos solos en dicha situación de máxima conectividad. Una conectividad que da lugar a la recopilación masiva de datos personales en línea y a la vigilancia digital, lo que puede derivar en un verdadero cuestionamiento ético y moral sobre la privacidad y el control.

Como diría Sadin (2017), la digitalización ha transformado la percepción humana y su relación con el mundo. Somos ahora una «humanidad aumentada», un conglomerado social que ha dado lugar a la «siliconlonización del mundo» (Sadin, 2020), a la creciente influencia de las grandes empresas tecnológicas como Google, Facebook y otras en la sociedad contemporánea. En los últimos años hemos visto cómo estas empresas están extendiendo su influencia en diferentes aspectos de la vida y de la cultura. Estas corporaciones, al acumular grandes cantidades de datos sobre las actividades de las personas en línea, ejercen un poder significativo sobre la toma de decisiones y la forma en que se desarrollan las sociedades. Adicionalmente, estas compañías, en su búsqueda del beneficio económico, pueden contribuir al surgimiento de un «irracionalismo digital» (Sadin, 2020). Esto implica que, en lugar de promover un uso racional y reflexivo de la tecnología, estas empresas pueden fomentar un enfoque impulsivo y emocional, a menudo guiado por algoritmos que buscan mantener la atención y generar clics. La IA vendría no solo a corroborar dicho paradigma, sino a potenciarlo en todo su esplendor.

Todo ello presenta implicaciones evidentes en la conceptualización y en el ejercicio de la libertad humana. Como explica Riechmann (2020), «hoy, con la digitalización, el internet distribuido y la inteligencia artificial se está desplegando a velocidad de vértigo un sistema de condicionamiento y control que deja chiquito todo lo que hemos conocido en el pasado. Nunca, en los doscientos mil años de historia de la especie, estuvo la libertad humana tan amenazada». Ciertamente, la IA está en uso por parte de agentes de poder desde hace años[26]. No obstante, es ahora cuando se considera que la humanidad puede normalizar su uso, sin muchos reparos.

De modo que, en palabras de Salin (Vicente, 12 de julio de 2017), «si delegamos cada vez más decisiones individuales y colectivas ante esos sistemas tecnológicos, perderemos nuestro libre albedrío y nuestra capacidad política. Yo abogo por reintroducir lo sensible, la contradicción, la imperfección, el miedo al contacto con otro y al conflicto, cuando éste sea necesario».

A MODO DE CONCLUSIÓN: HACIA UN PANORAMA ¿OPTIMISTA?

La convergencia entre educomunicación e inteligencia artificial marca una nueva etapa en la evolución educativa y comunicativa. Ante este escenario, es importante explorar cómo la incorporación de la inteligencia artificial en la educomunicación puede potenciar sus beneficios y abordar los desafíos actuales en un

---

26 Riechmann (2020) explica que, sin la IA, a través de *smartphones* y de las redes sociales, no se hubieran producido las victorias de Trump en Estados Unidos o de Bolsonaro en Brasil.

mundo cada vez más digitalizado. Pero también puede desarrollar múltiples obstáculos en el proceso comunicativo de acceso a la información y en el propio proceso educativo. Y estas potenciales barreras pueden ir contra algunos de los objetivos de desarrollo (Objetivos de Desarrollo Sostenible, ODS) que plantean las Naciones Unidas para crear y mantener sociedades mucho más amigables con los individuos, con las colectividades y con el ambiente (Ministerio de Derechos Sociales y Agenda 2030, 2023).

En este sentido, la irrupción de la inteligencia artificial plantea, por ejemplo, una dudosa relación con los objetivos de Salud y Bienestar (ODS 3), Educación de Calidad (ODS 4), Trabajo Decente y Crecimiento (ODS 8) o Producción y Consumo Responsable (ODS 12). Y ello se puede confirmar al no existir por el momento una sólida legislación sobre el uso y potencial abuso de la inteligencia artificial en diversas esferas como en la educación, el trabajo o el sistema de producción y consumo, vitales para llegar a la meta de posibilitar sociedades mucho más adaptadas a la gran prueba que supone el siglo xxi (Riechmann, 2013).

Ante este panorama, no solo emerge como imprescindible la legislación sobre el uso y el desarrollo de la inteligencia artificial, sino que se revela imprescindible la educación ciudadana acerca de los potenciales beneficios, pero también perjuicios, de la IA. Así, por ejemplo, la brecha digital persiste como un desafío y, en este estadio, parece cierto que la IA puede ofrecer soluciones innovadoras, como la adaptación de contenido y el acceso inclusivo. Más aún, la educomunicación y la IA juntas pueden transformar los desafíos en oportunidades. También parece objetivable que la IA puede ofrecer análisis predictivos y adaptación personalizada y ello la convierte en una herramienta poderosa para la educación y la comunicación. La individualización del aprendizaje y la mejora de la participación son resultados tangibles de esta fusión. Por ello, la relación entre la inteligencia artificial y la educomunicación, como esfera sociocomunicativa necesaria para el aprendizaje y la cultura contemporáneos (Buckingham,

2007), se vuelve aún más crucial en la era digital avanzada. La inteligencia artificial debería potenciar su impacto al mejorar la alfabetización mediática e informacional, y no sesgar el acceso a la información y limitar el acceso al trabajo en las sociedades contemporáneas y futuras.

Dicho lo cual, si las sociedades actuales son capaces de legislar sobre inteligencia artificial y limitar ciertas de sus funciones potencialmente nocivas para los individuos y para las colectividades, la conjunción de educomunicación e inteligencia artificial promete una revolución educativa. Al abordar desafíos y capitalizar oportunidades, esta sinergia se presenta como un catalizador para el desarrollo integral en la era digital, marcando un hito en la evolución de la educación y la comunicación.

Ahora bien, tampoco se ha de obviar el rol hegemónico de las grandes empresas tecnológicas, ni las implicaciones éticas, sociales y culturales que conlleva la normalización de la inteligencia artificial en las acciones humanas cotidianas. Así, se puede argumentar que la dependencia absoluta de la IA puede hacer a individuos y sociedades vulnerables a la manipulación y al control, puede afectar la capacidad de las personas para tomar decisiones informadas y autónomas, los algoritmos pueden manipular la información, afectando percepciones y decisiones, de igual modo que puede contribuir a la ampliación de las brechas sociales y económicas. Se hacen necesarias, por tanto, una evaluación de impacto social de la IA, una reflexión sobre cómo evaluar el impacto social de la tecnología en términos de equidad, justicia y bienestar general, así como la identificación de desafíos éticos y oportunidades para abordarlos y mejorar la relación entre la sociedad y la inteligencia artificial, en un proceso educomunicativo que sea beneficioso para la humanidad y para el ambiente que la rodea.

REFERENCIAS BIBLIOGRÁFICAS

ALMAZÁN, A. y RIECHMANN, J. (2020), *Contra la doctrina del shock digital*, Centro de Documentación Crítica.

BUCKINGHAM, D. (2007). *Media education: Literacy, learning and contemporary culture*, Polity.

CABEZUELO LORENZO, F., SERRANO OCEJA, J. F. y LÓPEZ MARTÍN, J. A. (2023), «Retórica y educación humanística en la formación de los comunicadores ante los retos de la sociedad digital», *IROCAMM - International Review Of Communication And Marketing Mix*, 6 (1), pp. 41-55. Disponible en línea en: https://dx.doi.org/10.12795/IROCAMM.2023.v06.i01.03

CARR, N. (2017), *Superficiales: ¿Qué está haciendo internet con nuestras mentes?*, Taurus.

CASTELLS, M. (1996), *La sociedad red*, Alianza Editorial.

GARCÍA LÓPEZ, J. y HELLÍN ORTUÑO, P. (2016), «Advertising interrupted. Cultural analysis on online advertising communication», en *Signos do Consumo*, 8 (1), pp. 39-52. Disponible en línea en: https://doi.org/10.11606/issn.1984-5057.v8i1p39-52

GATES, B., «2024: la oportunidad de la inteligencia artificial para transformar el mundo», en *El País*, (19 de diciembre de 2023). Disponible en línea en: https://elpais.com/planeta-futuro/2023-12-19/2024-la-oportunidad-de-la-inteligencia-artificial-para-transformar-el-mundo.html

HAN, B. C. (2014), *En el enjambre*, Herder.

JENKINS, H. (2006), *Cultura de la participación: De la cultura de los medios a la mediación de las culturas*, Gedisa.

KLEIN, N. (2007), *La doctrina del shock: el auge del capitalismo del desastre*, Ediciones B.

Ministerio de Derechos Sociales y Agenda 2030 (2023), «Agenda 2030. Objetivos de Desarrollo Sostenible/ODS». Disponible en línea en: https://www.mdsocialesa2030.gob.es/agenda2030/index.htm

RHEINGOLD, H. (1993), «The virtual community: Homesteading on the electronic frontier», MIT Press.

RIECHMANN, J. (2013), *El siglo de la gran prueba*, Baile del Sol.

RIECHMANN, J. (2020), *Decrecer, desdigitalizar –quince tesis*, Ábaco, 103, pp. 40-63.

SADIN, E. (2017), *La humanidad aumentada: La administración digital del mundo*, Caja Negra.

SADIN, E. (2020), *La Silicolonización del mundo: El irracionalismo digital*, Caja Negra.

TAPSCOTT, D. y WILLIAMS, A. D. (2006), *Wikinomics: La nueva economía de las multitudes*, Ediciones Urano.

TUR VIÑES, V., NÚÑEZ GÓMEZ, P. y PALLARÉS PIQUER, M. (2023), «Retos de la educomunicación en el entorno digital», en *AdComunica. Revista Científica de Estrategias, Tendencias e Innovación en Comunicación*, 25, pp. 23-26. Disponible en línea en: http://dx.doi.org/10.6035/adcomunica.7134

TURKLE, S. (2011), *Alone together: Why we expect more from technology and less from each other*, Basic Books.

VICENTE, A., «Éric Sadin: "El libre albedrío se desploma a causa de la inteligencia artificial"», *El País*, (12 de julio de 2017). Disponible en línea en: https://elpais.com/cultura/2017/07/11/babelia/1499762435_023266.html

VIRILIO, P. (1995), *La velocidad de liberación*, Pre-Textos.

DE LA BIBLIOTECA AL ALGORITMO: LA REVOLUCIÓN DE LA INTELIGENCIA ARTIFICIAL EN LOS TRABAJOS ACADÉMICOS

MYRIAM FRUTOS AMADOR
UNIVERSIDAD DE ALICANTE

JESÚS SEGARRA SAAVEDRA
UNIVERSIDAD DE ALICANTE

BEATRIZ FEIJOO FERNÁNDEZ
UNIVERSIDAD INTERNACIONAL DE LA RIOJA

En las últimas tres décadas, hemos sido testigos de una transformación sin precedentes en la forma en la que se investiga y se desarrollan trabajos académicos. Las búsquedas bibliográficas presenciales y la redacción amanuense forma parte de la historia. La llegada de internet y su progresiva expansión fue un hito en esta evolución, con la correspondiente aparición de los ordenadores de escritorio y el posterior alzamiento de los portátiles. La información se convirtió en un mundo abierto y global, interconectado y sin aduanas. Las herramientas de investigación son, en numerosas ocasiones, accesibles como nunca antes lo habían sido.

Y cuando creíamos que lo sabíamos todo, llegó 2022 para alterar irreversiblemente la realización de trabajos académicos. Un cambio paradigmático nos alcanzó y la inteligencia artificial (IA), con su capacidad de aprender, razonar y tomar decisiones autónomas, emergió como una herramienta revolucionaria en este ámbito.

En este capítulo, se da cuenta de cómo la IA ha alterado el panorama académico y la realización de trabajos al tiempo que se dan a conocer las principales herramientas y sus usos.

LA ERA PRE-DIGITAL: TRABAJOS ACADÉMICOS AMANUENSES Y BIBLIOTECAS COMO PRINCIPALES FUENTES DE INFORMACIÓN

«Escribir | Del latín scribre. Representar las palabras o las ideas con
letras u otros signos trazados en papel u otra superficie»
Real Academia de la Lengua Española (RAE).

La escritura es una de las invenciones más relevantes del ser humano, pues ha permitido la comunicación a través de la distancia y la conservación del conocimiento a lo largo de los siglos. Hoy en día, nuestro grado de alfabetización va directamente vinculado a nuestra capacidad para escribir, entre otras cuestiones, y es que, no es una mera acción de supervivencia, sino una actividad motriz e inteligente.

Esta genialidad humana ha requerido de espacios que alberguen el conocimiento recabado en manuscritos: las bibliotecas. Según Agora (2020), sería en Egipto donde se encuentra la biblioteca más antigua, creada por Osymandias en Tebas, mientras que la biblioteca más importante fue la de Alejandría, de finales del siglo IV a. C. y fundada por Ptolomeo Soter. La biblioteca pública comenzó en Atenas alrededor del 540 a. C., gracias a Pisístrato. Sin embargo, el Renacimiento fue una época clave pues marcó un hito crucial en el desarrollo tanto de las bibliotecas privadas como públicas. Fue en 1444 cuando Cosme de Médicis fundó en Florencia la primera biblioteca pública moderna. Esta iniciativa puso a disposición de los eruditos de la época una colección de 10.000 volúmenes, que incluían valiosos manuscritos griegos y latinos en los que el generoso mecenas había invertido un considerable presupuesto. En la actualidad, la biblioteca mejor provista de conocimiento escrito es la del Congreso de Estados Unidos (Washington), en términos de número de libros y estanterías.

INTERNET: LA APERTURA A UN MUNDO DE CONOCIMIENTO

«Internet | Del inglés internet. Red informática mundial, descentralizada, formada por la conexión directa entre computadoras mediante un protocolo especial de comunicación»
Real Academia de la Lengua Española (RAE).

En España, la llegada de internet de manera residencial se daba en 1995, a través de Telefónica. Marcó un antes y un después en la forma en que realizábamos trabajos académicos. Es memorable el sonido del módem marcando números, sinónimo de un mundo de posibilidades recién descubierto. Antes de este hito, la búsqueda de información para trabajos académicos implicaba visitas a bibliotecas, y la recopilación y el análisis eran tareas meticulosas y a menudo, limitadas por el acceso a recursos físicos. Con la llegada de internet a los hogares, todo cambió. Los ordenadores, anteriormente limitados a un estamento, comenzaron a encontrar su lugar en los hogares españoles. La relación entre los ordenadores, internet y la educación se volvía cada vez más íntima, y la perspectiva de hacer trabajos académicos se transformó.

La red se convirtió en nuestra nueva biblioteca virtual, con un universo de información al alcance de un clic. Los recursos *online* se multiplicaban a una velocidad vertiginosa, ofreciendo diversidad de fuentes y perspectivas que antes eran difíciles de imaginar. El estudiantado podía acceder a bases de datos, revistas, repositorios y *wikis*, entre otros recursos, desde la comodidad de su hogar. Sin embargo, esta transformación no estuvo exenta de desafíos: hablamos de la impresión de los trabajos académicos. Podíamos tener ordenador, pero no necesariamente impresora, y las impresoras de hogar de aquella época eran caprichosas y propensas al atasco de papel.

En retrospectiva, aquella transición de «escritura y biblioteca» a los días de internet en casa son un testimonio de cómo la tecnología transformó la educación. Aunque los desafíos tecnológicos de entonces pueden parecer cómicos en comparación con la rapidez y la sofisticación de la tecnología actual, aquellos momentos de descubrimiento y superación siguen siendo un tesoro en la memoria de muchos.

ESTRECHANDO LA BRECHA ENTRE LA INFORMACIÓN Y EL CONOCIMIENTO: LLEGÓ LA IA

«Inteligencia artificial | Capacidad de una máquina para imitar la inteligencia humana, es decir, para realizar tareas que requieren el uso del pensamiento, el razonamiento y el aprendizaje»
MATA, A. M. (2023).

El 30 de noviembre de 2022 el mundo cambió para siempre. La IA se volvió accesible y universal y cualquier persona que supiera escribir en un ordenador podía usarla. Millones de datos eran procesados a la velocidad de la luz y con un simple *prompt* se ordenaba para responder cualquier solicitud. Este descubrimiento se materializaba en forma de ChatGPT, obteniendo resultados relevantes: pasó de 0 a 1 millón de usuarios en tan solo cinco días. Para que entendamos qué significa esto, si lo comparamos con plataformas de entretenimiento como Netflix, o incluso con redes sociales como Instagram, estos medios alcanzaron esa cantidad de usuarios entre 2,5 meses y 3,5 años.

Sin embargo, la IA no es tan sólo ChatGPT, sino que este campo se enfoca en el desarrollo de programas y sistemas que imitan la función cerebral, dando lugar a la creación de sistemas cada vez más sofisticados capaces de simular aspectos específicos de la inteligencia humana. Al respecto, Alan Turing (1950), una de las figuras fundamentales en el desarrollo de la IA, expresó en su artículo seminal titulado *Computing Machinery and Intelligence*: «Las máquinas pueden ser programadas para simular cualquier actividad que un ser humano pueda llevar a cabo». Este enfoque de Turing subraya la capacidad de la IA para replicar tareas cognitivas humanas: el aprendizaje, el razonamiento y la toma de decisiones.

La IA no sólo ha agilizado la forma en que accedemos a la información, sino que también está redefiniendo la forma en que la procesamos y utilizamos en la elaboración de trabajos académicos. Estas herramientas no son meros sustitutos de la habilidad humana, sino que representan socios colaborativos en el proceso de investigación y producción de conocimiento.

TIPOS DE INTELIGENCIA ARTIFICIAL (IA): EXPLORANDO SU POTENCIAL EN EL ÁMBITO ACADÉMICO

La IA tiene varios tipos, cada uno con sus características y aplicaciones específicas. Sin embargo, no hay una clasificación única y definitiva, ya que estamos en un campo en constante evolución y las categorías pueden variar según las perspectivas y avances tecnológicos. Podemos identificar algunos tipos, con base a una descripción general:

1. **IA débil**: diseñada para realizar tareas específicas sin comprender o realizar funciones fuera de su ámbito designado. Ejemplos: asistentes virtuales y sistemas de recomendación.

2. **IA fuerte**: capacitada para entender, aprender y realizar cualquier tarea cognitiva que un ser humano pueda realizar. Este tipo de IA aún no se ha alcanzado y es un objetivo de investigación a largo plazo.

3. **IA reactiva**: responde a situaciones específicas con respuestas predefinidas y no tiene capacidad para aprender o adaptarse a nuevas circunstancias. Es eficiente en tareas específicas, pero carece de flexibilidad.

4. **IA basada en el aprendizaje:** incluye sistemas que pueden aprender y mejorar su rendimiento con el tiempo, según se les proporciona más información y datos. Aprendizaje supervisado, no supervisado y por refuerzo.

5. **IA simbólica:** basada en el uso de reglas y representaciones simbólicas para razonar y resolver problemas. Incorpora conocimiento explícito en su programación.

6. **IA evolutiva:** inspirada en la teoría de la evolución, utiliza algoritmos genéticos y procesos de selección para mejorar y desarrollar automáticamente soluciones a lo largo del tiempo.

7. **IA híbrida:** combina diferentes enfoques y técnicas de la IA para aprovechar las fortalezas de cada uno. Puede incluir, por ejemplo, la combinación de sistemas simbólicos y basados en el aprendizaje.

8. **IA emocional:** se centra en comprender y responder a las emociones humanas, a menudo utilizando reconocimiento facial y procesamiento de lenguaje natural para interpretar las señales emocionales.

Estas categorías no atienden a las popularizadas «IA general» e «IA generativa», como podemos observar. Estos enfoques, según se conciben comúnmente, no se ajustan directamente a la clasificación tradicional, aunque aún pueden ser contextualizados en términos de capacidades generales de la IA:

1. **IA general (IAGn):** en la actualidad, podemos ilustrarla como aquella tecnología que, por ejemplo, resuelve problemas matemáticos, traduce idiomas, juega a juegos de estrategia, reconoce objetos, etc. Este tipo de IA es general en el sentido de que puede abordar diferentes tipos de problemas, pero no necesariamente implica que pueda generar nuevo contenido original de manera creativa. Por

tanto, podría asociarse más estrechamente con la IA fuerte, ya que busca replicar la inteligencia humana de manera integral y tiene la capacidad de realizar una amplia gama de tareas cognitivas.

En el ámbito académico, atendiendo al enfoque popularizado, haríamos uso de esta IA en forma de asistencia en la investigación, análisis de datos complejos, simulación de experimentos, optimización de procesos y revisión de textos, entre otras tareas no creativas.

2. **IA generativa (IAG)**: se centra en la capacidad de crear, producir o generar nuevos contenidos. Utiliza modelos y algoritmos para imitar y entender patrones presentes en los datos de entrada, y a partir de su comprensión, crea nuevas ideas que comparten similitudes con los datos originales. Con base a la clasificación tradicional, la IAG puede alinearse con la IA basada en el aprendizaje, ya que, a menudo utiliza técnicas de aprendizaje para imitar y entender patrones en los datos de entrada y luego generar contenidos.

   Un modelo de lenguaje generativo avanzado puede dar soporte en el ámbito académico para generar contenido escrito, crear material didáctico en imagen y simular escenarios académicos de análisis y estudio. Este tipo de IA se especializa en la generación de nuevo contenido, pero puede no tener la misma amplitud de capacidades que una IA general.

Es importante destacar que las categorías de «IA general» y «IA generativa» son conceptos más específicos que se utilizan para describir ciertos aspectos de la IA, mientras la clasificación tradicional proporciona una visión general de la fortaleza de la IA o los métodos de aprendizaje utilizados. En términos prácticos, estas categorías más específicas pueden ser útiles para comunicar con mayor precisión las capacidades y funciones de los sistemas IA en ciertos contextos.

HERRAMIENTAS IA ÚTILES EN EL DESARROLLO DE TRABAJOS ACADÉMICOS

Nos sumergimos en las herramientas de IA diseñadas para potenciar la eficiencia, la creatividad y la calidad en la elaboración de trabajos académicos. Desde la generación de contenido hasta la optimización de procesos de investigación, estas herramientas ofrecen un espectro diverso de capacidades, marcando un hito en la forma en que concebimos y ejecutamos proyectos académicos.

CHATGPT

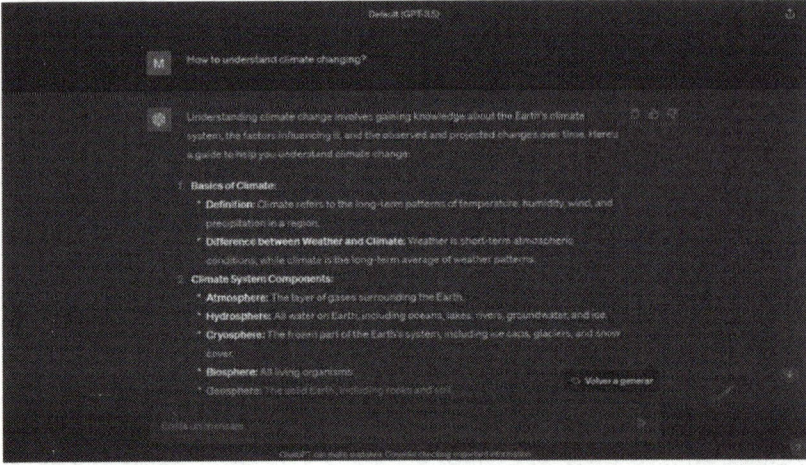

FIGURA 1.

Extracto de consulta a ChatGPT 3.5. Fuente: www.chat.openai.com

ChatGPT destaca como una herramienta IA esencial para la redacción académica. Es una avanzada plataforma de procesamiento de lenguaje natural y en su versión ChatGPT 4 (2023), equipada con capacidades mejoradas de autocompletado, agiliza aún más la redacción. Esta herramienta se potencia con el uso de *plugins* especializados que, al integrarse, amplían las funcionalidades de la plataforma, optimizando la calidad y eficiencia en la producción académica.

SCISPACE

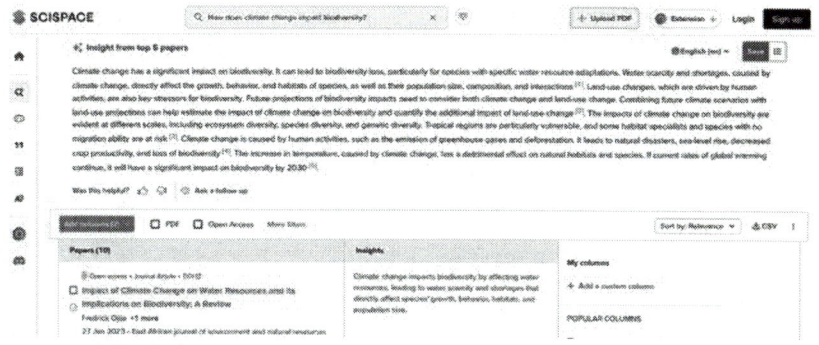

Figura 2.
Resultado de consulta realizada a SCISpace. Fuente: www.typeset.io

Es una herramienta de IA *online* que simplifica la comprensión de artículos de investigación. Resalta y explica textos, matemáticas y tablas complejas, permitiendo preguntas para respuestas instantáneas. Un recurso valioso para optimizar la asimilación de contenidos académicos especializados. Cabe destacar que su análisis también aplica a la carga de documentos PDFs.

En trabajos académicos, SCISpace es una herramienta útil para abordar y analizar material académico en profundidad, agilizando el proceso de investigación y redacción.

SEMANTIC SCHOLAR

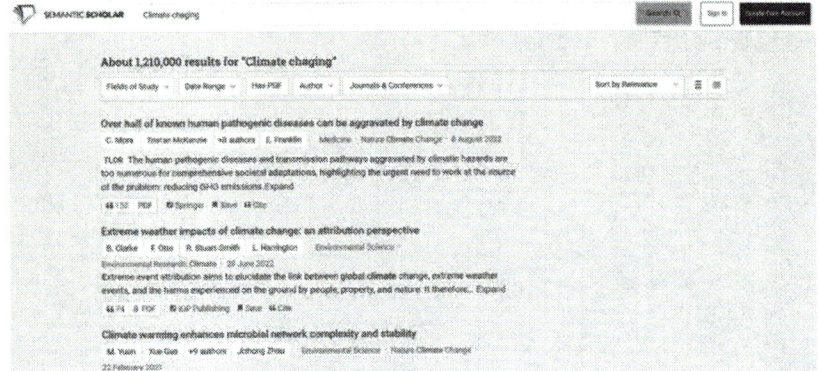

FIGURA 3.

Resultado de consulta realizada a Semantic Scholar. Fuente: www.semanticscholar.org

Es un motor de búsqueda respaldado por IA que proporciona resúmenes concisos de artículos académicos mediante el procesamiento del lenguaje natural. Utiliza técnicas abstractivas y tecnologías como aprendizaje automático y visión artificial para analizar semánticamente artículos científicos. Está diseñada para destacar la relevancia e influencia de los artículos.

Semantic Scholar, con su capacidad para destacar la importancia e influencia de los artículos, junto con el uso de un identificador único (S2CID), facilita la identificación de contenidos relevantes y la rápida comprensión. También proporciona acceso a los artículos íntegros, así como su cita según APA, Chicago, entre otros sistemas de citación.

ASKMORE

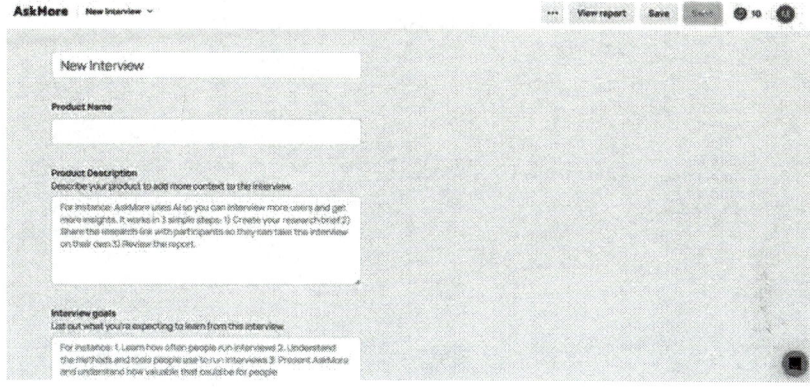

FIGURA 4.

Panel de creación de entrevista en AskMore. Fuente: www.askmore.ai

AskMore es una herramienta que utiliza IA para realizar entrevistas de usuarios en nombre del equipo investigador, facilitando la obtención de retroalimentación de manera más rápida y en cualquier idioma. Solo se necesita explicar qué se está estudiando y AskMore proporciona un enlace de entrevista que puede compartirse con usuarios.

En el ámbito académico, AskMore simplifica el proceso de obtención de datos cualitativos, mejorando la calidad y relevancia de la investigación académica.

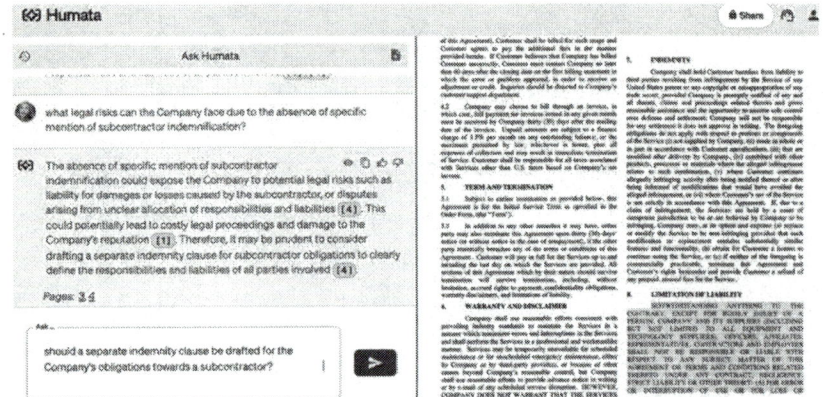

FIGURA 5.
Resultado de consulta realizada a Humata. Fuente: www.humata.ai

Esta aplicación maximiza la eficiencia en la gestión de archivos, especialmente en formato PDF y permite realizar preguntas sobre datos, obteniendo respuestas instantáneas impulsadas por la IA, agilizando la investigación y comprensión de documentos complejos. Humata ofrece capacidades de aprendizaje, resumen, síntesis y extracción de datos, destacando por sus funciones de preguntas y respuestas instantáneas, así como la creación automática de nuevos escritos basados en archivos existentes.

Para trabajos académicos, Humata se convierte en un recurso integral que aborda tanto la gestión y comprensión eficiente de documentos complejos, como la capacidad de generar textos a partir de ellos.

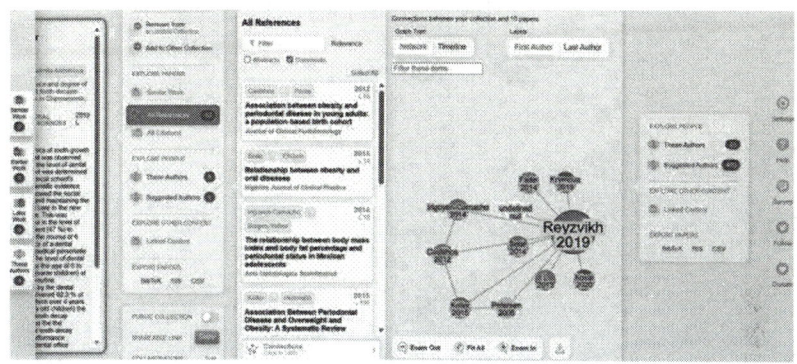

FIGURA 6.

Resultado de consulta realizada a Research Rabbit. Fuente: www.researchrabbit.ai

Research Rabbit es una plataforma que revoluciona la búsqueda de literatura científica al generar, a partir de un único *paper*, una lista curada de artículos relacionados mediante similitud y redes de autores/as de referencia. Facilita la exploración de nuevas perspectivas, destaca las referencias más citadas y ofrece líneas de tiempo interactivas para seguir los avances en un campo de estudio.

Es especialmente útil para estudiantado y equipos investigadores ya que simplifica el seguimiento de desarrollos científicos, ahorra tiempo en la búsqueda de información relevante y fomenta la colaboración efectiva en entornos académicos, proporcionando también una función para generar citas e incluir sus referencias correspondientes de forma más rápida.

Para esta labor de conexión de trabajos y seguimiento de *keywords* en el ámbito de la investigación, también contamos con las herramientas IA Connected Papers y Litmaps, que se diferencian de Research Rabbit porque tienen enfoques distintos de exploración de información: IA Connected Papers se especializa en mapas visuales de conexiones entre papers, y Litmaps ofrece mapas conceptuales que visualizan relaciones entre conceptos en la literatura académica.

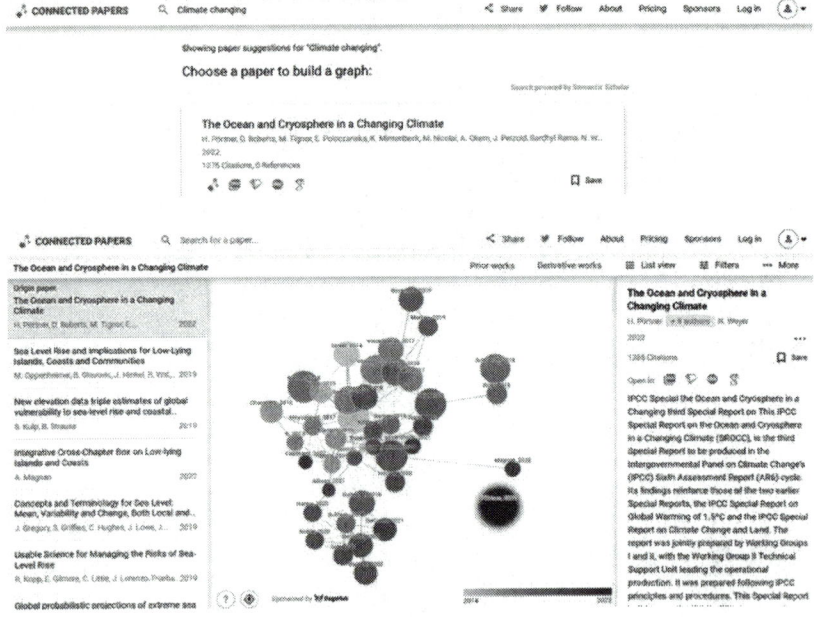

FIGURA 7.

Resultado de mapa visual de Connected Papers. Fuente: www.connectedpapers.com

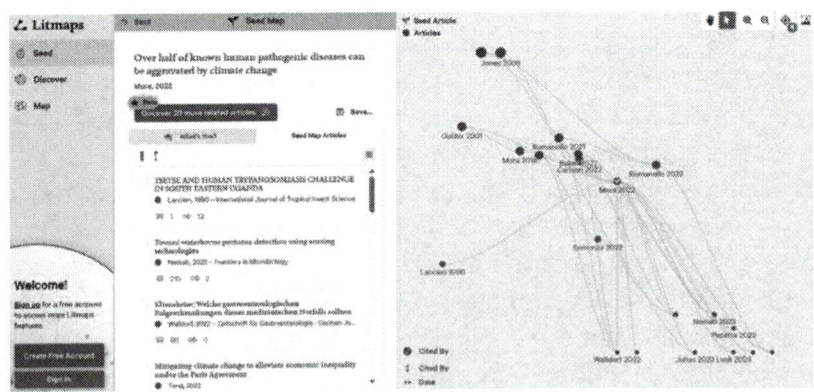

FIGURA 8.

Resultado de mapa conceptual de Litmaps. Fuente: www.app.litmaps.com

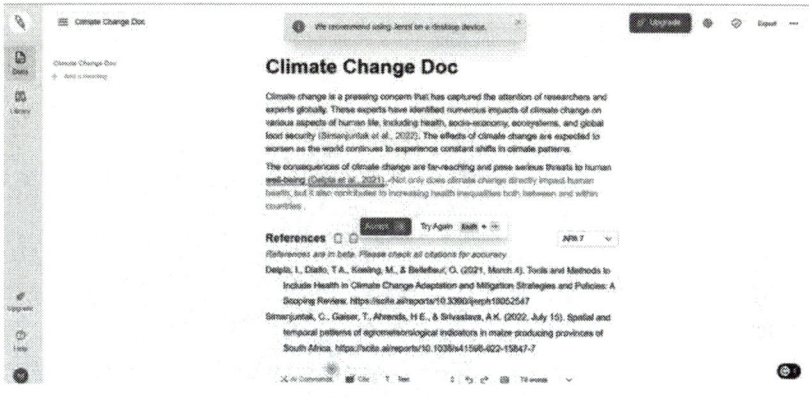

FIGURA 9.
Resultado de escritura Jenni AI. Fuente: www.jenni.ai

Jenni AI está diseñada para potenciar la escritura, permitiendo generar contenido más rápido y preciso. Con funciones como autocompletado, resultados libres de plagio, citas en texto y parafraseo, es versátil y adecuada para diversas formas de escritura, desde ensayos académicos hasta blogs y discursos. Su tecnología utiliza IA de vanguardia, junto con datos personalizados y garantiza la creación de contenido de alta calidad.

Jenni AI está siendo utilizada en Google, Harvard y MIT, y se posiciona como una herramienta revolucionaria para mejorar la calidad de la escritura en cualquier idioma y contexto.

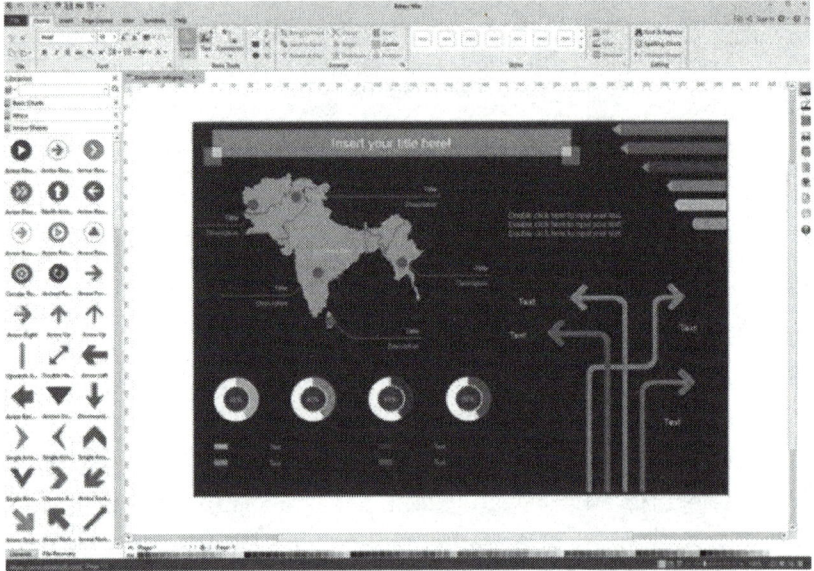

FIGURA 10.

Resultado de mapa conceptual de EdrawMax. Fuente: www.edrawsoft.com

EdrawMax es una IA que permite generar mapas conceptuales, transformando ideas un contenido visual atractivo. Desde la creación instantánea con un clic hasta el formateo inteligente, esta herramienta agiliza el proceso cartográfico.

Gracias a su tecnología de autocompletado y algoritmos inteligentes, ayuda a comprender conceptos complejos creando mapas conceptuales en tiempo real, el desarrollo de *brainstorming* y mejora la calidad de trabajos y presentaciones.

RETOS DE FUTURO: ÉTICA ACADÉMICA Y PRESERVACIÓN DE LA ORIGINALIDAD

Chema Alonso, Chief Digital Officer de Telefónica, destacó en su participación en Metafuturo (2023) la complejidad de gestionar la innovación y subrayó la profunda transformación que la IA impulsa en la sociedad, ciencia, innovación y tecnología, al tiempo que planteó que «innovar en el ámbito educativo se ha vuelto un desafío complejo en la era de la inteligencia artificial».

A medida que las herramientas de IA se integran en el ámbito académico, surgen desafíos clave relacionados con la ética y la preservación de la originalidad, y se plantean interrogantes sobre la autoría y la integridad académica. La comunidad educativa debe afrontar el reto de equilibrar la conveniencia proporcionada por estas tecnologías con la necesidad de salvaguardar la autenticidad y honestidad en la producción intelectual. Por ello, es imperativo establecer prácticas y normas éticas claras, así como fomentar la preservación de la integridad académica, convirtiéndola en un pilar fundamental para garantizar el progreso sostenible.

REFERENCIAS BIBLIOGRÁFICAS

AGORA, T. (2020, octubre 24), Historia de la biblioteca, Traducciones AGORA.

ATRESMEDIA (2023), «Metafuturo: Inteligencia artificial, tecnología disruptiva y sus límites». Disponible en línea en: https://bit.ly/47AOEcl

MATA, A. M. (2023, 00:08:00), «¿Qué es la inteligencia artificial según la RAE? Descubre la definición en 70 caracteres», Inteligencia 10.

REAL ACADEMIA ESPAÑOLA (2023), Diccionario de la lengua española [Versión en línea]. Disponible en línea en: https://dle.rae.es/

TURING, A. M. (1950), «Computing machinery and intelligence», en *Mind*, 49 (236), pp. 433-460. Disponible en línea en: https://doi.org/10.1093/mind/LIX.236.433

WIKIPEDIA CONTRIBUTORS (s. f.), «Escritura», en *Wikipedia, The Free Encyclopedia.*

INTELIGENCIA ARTIFICIAL, ¿COMPAÑERA O COMPETIDORA EN LA EDUCACIÓN DEL MAÑANA?

ÁLEX RUBIO NAVALÓN
UNIVERSITAT JAUME I DE CASTELLÓN

CARLOS FANJUL PEYRÓ
UNIVERSITAT JAUME I DE CASTELLÓN

CRISTINA GONZÁLEZ OÑATE
UNIVERSITAT JAUME I DE CASTELLÓN

INTRODUCCIÓN

La era digital actual, caracterizada por avances tecnológicos rápidos y transformadores, está redefiniendo múltiples aspectos de la vida cotidiana, incluida la educación. Los inicios del milenio actual supusieron ya el comienzo de una digitalización que puso en manos de docentes y alumnos herramientas que modificaron el sector sin vuelta atrás. Ahora, en este escenario dinámico, la inteligencia artificial (IA) emerge como un elemento disruptivo en el ámbito educativo, un espacio históricamente basado en la interacción y el intercambio humano. La integración de la IA en las aulas plantea una pregunta fundamental: ¿puede la IA ser una aliada que potencie las capacidades de los educadores o se convertirá en un rival que desafíe la esencia misma de la enseñanza?

Sin duda, 2023 ha supuesto un año de gran reflexión en torno al futuro papel de la IA en cualquier sector. A raíz del nacimiento de ChatGPT en noviembre de 2022, se ha tangibilizado la existencia y aplicabilidad de la IA, especialmente la rama generativa

–capaz de crear nuevo contenido multimodal a partir de un entrenamiento orientado–, que ha provocado una ola de visiones polarizadas que además se mueven en un campo que ha adquirido una enorme velocidad. Y es que esta herramienta creada por OpenAI supone la parte visible de un iceberg que cuenta con décadas de desarrollo a sus espaldas cuyos efectos y posibilidades comienzan a aflorar de forma popular.

En el campo de la educación, lo cierto es que la capacidad de la IA para personalizar y mejorar la experiencia educativa es innegable. Adaptándose a las necesidades y estilos de aprendizaje individuales, la IA promete una educación más eficiente y accesible. Sin embargo, su incorporación también conlleva dilemas éticos y desafíos prácticos significativos. Según Luckin *et al.* (2016), la gestión de datos y la privacidad de los estudiantes, la posibilidad de un desplazamiento del rol tradicional del educador, y la aparición de sesgos algorítmicos son algunas de las preocupaciones que emergen en este contexto.

En este entorno de cambio constante, es esencial comprender las múltiples facetas de la IA en la educación. Zhou y Xu (2020) destacan que el potencial de la IA para transformar la enseñanza y el aprendizaje va de la mano con la necesidad de abordar cuestiones críticas sobre su implementación y efectos. La relación entre la IA y la educación no es meramente una de herramientas y usuarios; es una interacción compleja que influye en cómo se forma el conocimiento, cómo se interactúa en los entornos de aprendizaje y cómo se prepara a las generaciones futuras para un mundo cada vez más tecnológico.

El equilibrio entre aprovechar los beneficios de la IA y mantener los principios fundamentales de una educación humanística y ética es clave en esta discusión. La convergencia de la educación y la tecnología avanzada nos lleva a reflexionar sobre cómo se puede lograr una sinergia que respete la integridad, la inclusión y la humanidad en el aprendizaje. El reto es crear un futuro educativo en el que la tecnología no solo facilite el aprendizaje, sino que también lo enriquezca, respetando y ampliando los valores fundamentales de la educación (González *et al.* 2015).

LA IA COMO COMPAÑERA

Una de las perspectivas más analizadas tradicionalmente en el ámbito de la IA en educación, tal vez por la velocidad más pausada que había experimentado su avance y aplicabilidad hasta 2022, es aquella que perfila a la IA como una verdadera compañera en el proceso educativo, ofreciendo posibilidades inéditas para personalizar y enriquecer la experiencia de aprendizaje. Esta visión de la IA como colaboradora, más que como sustituta, en el proceso educativo sugiere un enfoque más sinérgico y menos conflictivo. Las facetas en las que se incorpora a la IA dentro del entorno educativo como aliada son fundamentalmente cinco: para permitir la personalización del aprendizaje, para proporcionar mayor eficiencia y soporte, para democratizar el acceso a la educación, para potenciar la inclusión y diversidad, y para enriquecer la experiencia educativa.

Los sistemas de aprendizaje adaptativos, que Xie y Reider (2019) describen, emplean algoritmos para ajustar el contenido a las necesidades individuales de cada estudiante. Estos sistemas son capaces de analizar patrones de aprendizaje y adaptarse en tiempo real, ofreciendo un enfoque más personalizado y efectivo. Esta adaptabilidad permite un enfoque más enfocado, aunque no exento de desafíos, como la dependencia excesiva en la tecnología y la posible limitación en el desarrollo de habilidades críticas y creativas.

La eficiencia en la gestión educativa es otro aspecto donde la IA se muestra como una aliada potencial. La calificación automatizada y la asistencia en la planificación de lecciones, exploradas por Valenti, Neri, y Cucchiarelli (2019), pueden liberar tiempo valioso para los educadores, permitiéndoles centrarse más en la enseñanza interactiva. Estos avances plantean preguntas sobre la posible reducción del rol humano, pero también abren la puerta a una mayor eficacia y un enfoque personalizado en la educación.

Por otro lado, el papel de la IA en la expansión del acceso a la educación es significativo. Los MOOCs y plataformas de tutoría asistida por IA, según Liyanagunawardena *et al.* (2019), demuestran cómo la IA puede democratizar el acceso al aprendizaje a nivel global. No obstante, esto también conlleva retos relacionados con la brecha digital y las diferencias en la calidad del acceso a la tecnología.

En términos de inclusión, la IA tiene un potencial considerable de apoyar a estudiantes con necesidades especiales y promover prácticas educativas inclusivas, como señalan Zawacki-Richter *et al.* (2019). Estas tecnologías pueden personalizar la educación para atender necesidades individuales, desde programas adaptativos que ajustan el ritmo y nivel de dificultad de las lecciones hasta herramientas de accesibilidad que asisten a estudiantes con discapacidades físicas o de aprendizaje. Pero su desarrollo y aplicación requiere un diseño cuidadoso para evitar soluciones generalizadas que no consideren la diversidad de los estudiantes. Además, es vital considerar la formación de los educadores en el uso de estas tecnologías. Los docentes deben estar equipados no solo con los conocimientos técnicos para utilizar estas herramientas, sino también con una comprensión profunda de cómo aplicarlas de manera que fomenten un entorno de aprendizaje verdaderamente inclusivo. Esto implica una familiarización con las variadas necesidades de los estudiantes y la flexibilidad para adaptar la tecnología de manera que se ajuste a estas necesidades de manera efectiva.

Por último, la IA posibilita a los educadores proporcionar una experiencia educativa potencialmente más rica, variada y versátil. Por ejemplo, la realidad aumentada y virtual, apoyada por IA, puede ofrecer experiencias de aprendizaje inmersivas, tal como Bower (2017) ilustra. Estas tecnologías pueden transformar la manera en que se aprende y se enseña, aunque su eficacia y su accesibilidad aún deben evaluarse críticamente para asegurar que benefician a todos los estudiantes por igual.

En resumen, la IA, vista como una compañera en la educación, presenta un conjunto diverso de oportunidades para mejorar y personalizar el aprendizaje. Sin embargo, es crucial equilibrar la adopción de estas tecnologías con una comprensión profunda de sus limitaciones y desafíos. Su potencial para personalizar la educación, mejorar la eficiencia en la gestión educativa, democratizar el acceso, apoyar la inclusión y diversidad, y enriquecer la experiencia educativa, la posiciona como una herramienta valiosa en el ámbito educativo. Su implementación, cuando se realiza con consideración y cuidado, puede marcar un avance significativo hacia un sistema educativo más efectivo, inclusivo y adaptativo.

LA IA COMO COMPETIDORA

La visión opuesta, aquella que ubica a la inteligencia artificial como competidora en el ámbito educativo, trae a la mesa un conjunto de desafíos y preocupaciones que sugieren una transformación profunda de los roles y métodos tradicionales en la educación. Esta perspectiva crítica nos invita a considerar tanto las potenciales ventajas como los riesgos asociados a la integración de la IA en el entorno educativo. Un equilibrio necesario para visualizar las fronteras que podemos llegar a cruzar en los próximos años en la rama educativa. En esta perspectiva, son también cinco los campos de debate que centran la reflexión de la IA en la educación: el posible desplazamiento del educador, los problemas con la ética y el sesgo, los desafíos que conlleva su implementación, el impacto en el currículo y evaluación del estudiantado, y las consecuencias socioeconómicas que puede conllevar su aplicabilidad.

Por un lado, la posibilidad de que la IA suplante roles tradicionales del educador es motivo de un intenso debate. Escenarios donde sistemas de IA asumen funciones educativas directas, desde proporcionar instrucción hasta realizar tutorías personalizadas, sugieren un cambio radical en el papel del maestro. Esto podría democratizar el acceso a la educación, pero también implica una potencial pérdida de elementos humanos vitales en la enseñanza, como la empatía y la capacidad para el juicio moral, según plantea Crawford (2021). Esta transformación en el papel del educador también afecta la dinámica entre maestros y estudiantes. Con la integración de la IA, la interacción directa y personal puede disminuir, cuestionando el desarrollo de habilidades sociales y la construcción de relaciones significativas, tal como argumenta Buckingham (2019). En este aspecto, es importante resaltar que nos enfrentamos a una posibilidad de duplicación virtual del docente con aplicaciones que permiten ya, con cierta eficacia, sencilla accesibilidad y bajo coste, crear un avatar con apariencia real que podemos alimentar con instrucciones de texto para que genere vídeos narrados imitando nuestro comportamiento y expresividad; y, además, en cualquier idioma de forma totalmente integrada y natural.

Desde otra perspectiva, los dilemas éticos asociados al uso de datos de estudiantes por sistemas de IA son particularmente relevantes. Mayer-Schönberger y Cukier (2018) profundizan en la problemática de la recopilación y análisis de grandes volúmenes de datos sobre el aprendizaje y comportamiento de los estudiantes. Es importante resaltar cómo la gestión de estos datos puede llevar a cuestionamientos sobre la privacidad y la seguridad, además de examinar las implicaciones de tales prácticas en la autonomía y los derechos de los estudiantes. Su análisis también considera el equilibrio entre los beneficios potenciales de la *big data* en educación y los riesgos inherentes a su mal uso o gestión inapropiada. Por otro lado, el sesgo algorítmico en la IA, como lo aborda O'Neil (2016), es un desafío crítico que puede tener un impacto significativo en la equidad educativa. Los algoritmos, a menudo considerados objetivos, pueden reflejar y perpetuar prejuicios y desigualdades existentes: sistemas basados en IA, aplicados en contextos educativos, han reproducido o exacerbado discriminaciones, afectando de manera desproporcionada a grupos minoritarios o desfavorecidos y cuestionando la imparcialidad de estas tecnologías en la educación.

La implementación de la IA en la educación enfrenta obstáculos significativos, tanto en términos técnicos como financieros. Selwyn (2017) se sumerge en la complejidad de integrar la IA en el ámbito educativo, destacando que para una adopción exitosa se requieren inversiones considerables en infraestructura tecnológica. Además, Selwyn discute la necesidad crítica de capacitar adecuadamente al personal educativo, no solo en el uso técnico de estas herramientas, sino también en su integración pedagógica y administrativa eficiente. Este análisis se extiende a las implicaciones financieras y los desafíos logísticos que plantea la adopción de tecnologías avanzadas en entornos educativos tradicionales. Por otro lado, Watters (2020) aborda la formación continua de los educadores en el contexto de la IA, un aspecto vital para su integración efectiva y ética en la educación. No son pocos los desafíos que enfrentan los educadores al adaptar sus métodos de enseñanza y estrategias pedagógicas a las nuevas tecnologías. Watters enfatiza la importancia de una formación que no se limite a los aspectos técnicos de la IA, sino que también incluya una comprensión crítica de su impacto pedagógico, ético y social. Este enfoque permite a los educadores utilizar la IA de manera que enriquezca la experiencia educativa y fomente un aprendizaje más profundo y significativo, al tiempo que se mantienen al tanto de las cuestiones éticas y de privacidad relacionadas con su uso.

El impacto de la IA en el currículo y la evaluación es un área que requiere una consideración cuidadosa y detallada. La integración de la IA implica adaptar los currículos para incluir competencias digitales esenciales, un desafío que Zhao y Frank (2020) destacan con la necesidad de que los sistemas educativos se ajusten para incorporar habilidades relevantes en un mundo cada vez más tecnológico. Además, la evaluación de habilidades blandas y creativas en entornos mediados por la IA presenta retos únicos. Mientras la IA puede ofrecer formas innovadoras de evaluar conocimientos técnicos, su efectividad para valorar habilidades intangibles como la creatividad y el pensamiento crítico es aún un tema de debate. Existe la preocupación de que un enfoque excesivo en la medición objetiva pueda subestimar estas competencias humanas esenciales.

Las consecuencias socioeconómicas de la IA en educación son igualmente importantes. La brecha digital y socioeconómica, exacerbada por el acceso desigual a la tecnología, puede ampliar las diferencias en la calidad educativa entre grupos socioeconómicos diversos, una preocupación que Friedman (2019) destaca en su análisis del impacto de las tecnologías en la sociedad. Además, la preparación de los estudiantes para un mercado laboral en constante evolución plantea interrogantes sobre cómo la IA influirá en las habilidades laborales del futuro, un tema que Wagner (2018) explora en su trabajo sobre la educación y las competencias del siglo XXI.

En resumen, esta mirada de la IA como competidora en el ámbito educativo revela una compleja red de oportunidades y desafíos. Mientras que la IA tiene el potencial de transformar significativamente la enseñanza y el aprendizaje, es crucial considerar y abordar críticamente sus limitaciones y el impacto potencial en la estructura social y educativa.

CONCLUSIÓN

Queda claro que el análisis de la IA en el ámbito educativo revela un panorama diverso y complejo. Por un lado, la IA se presenta como una poderosa aliada, capaz de personalizar y enriquecer la experiencia educativa a través de sistemas de aprendizaje adaptativos, eficiencia en la gestión educativa, democratización del acceso a la educación, fomento de la inclusión y diversidad, y enriquecimiento de la experiencia de aprendizaje. Paralelamente, la IA emerge como una potencial competidora, presentando desafíos como el posible desplazamiento del educador o la suplantación del mismo, dilemas éticos relacionados con la privacidad y el sesgo algorítmico, barreras técnicas y financieras para su implementación, impacto en el currículo y la evaluación, y las consecuencias socioeconómicas de su adopción.

Sin embargo, la resistencia total a la integración de la IA en la educación sería una negación de su potencial beneficioso. De hecho, ya existen sistemas de IA profundamente integrados en la educación, que a menudo pasan desapercibidos: sistemas de aprendizajes adaptativos, MOOCs que emplean evaluación automatizada, sistema de recomendación en bibliotecas digitales o plataformas educativas, *chatbots* o análisis predictivo, son solo algunos de los avances que hemos incorporado de forma natural en los últimos años y que cuentan con una base de IA. Estas herramientas son indicativos de cómo la IA puede mejorar el proceso de aprendizaje y la gestión educativa. Tampoco parece prudente ni sostenible el enfoque opuesto que lleva a una integración desde una postura completamente acrítica de la IA en la educación. Los riesgos, las fronteras que crucemos y que no permitan una involución, las consecuencias en las capacidades de aprendizaje crítico y desarrollo personal del alumnado, podrían tener consecuencias profundas y duraderas.

Así pues, la colaboración entre la IA y los educadores se perfila como el enfoque más prometedor. Una sinergia óptima entre la tecnología y la pedagogía puede potenciar las capacidades humanas y no solo facilitar el aprendizaje, sino enriquecerlo. La clave residirá en mantener un equilibrio en el que se aprovechen las ventajas de la IA mientras se respetan los principios fundamentales de una educación humanística y ética. Esta colaboración debe estar orientada a complementar y no a reemplazar el papel vital del educador, preservando la importancia de la interacción humana y el desarrollo de habilidades sociales y emocionales.

Para un futuro educativo en el que la IA desempeñe un rol constructivo, es esencial un desarrollo y una implementación responsables. Esto implica una mirada en torno a cinco aspectos clave:

1. **Adopción cautelosa y consciente**: las instituciones educativas deben considerar cuidadosamente cómo y cuándo implementar la IA, asegurándose de que complementa y no compromete la calidad y la equidad de la educación.

2. **Formación y capacitación continua**: los educadores necesitan formación continua para integrar eficazmente la IA en sus prácticas pedagógicas, comprendiendo tanto sus capacidades como sus limitaciones.

3. **Atención a la ética y la privacidad**: es vital asegurar que el uso de la IA en la educación respete la privacidad y los derechos de los estudiantes, abordando preocupaciones como el sesgo algorítmico y la seguridad de los datos.

4. **Inclusión de competencias digitales y de IA en el currículo**: preparar a los estudiantes para un futuro tecnológico implica integrar habilidades digitales y de alfabetización en datos en los currículos. La IA ha llegado para quedarse de forma efectiva en un porcentaje importante de las salidas profesionales del estudiantado.

5. **Evaluación y revisión constantes**: la implementación de la IA debe ser un proceso dinámico, sujetándose a evaluaciones y ajustes continuos para garantizar su efectividad y relevancia.

En conclusión, la IA tiene el potencial de transformar la educación de maneras inimaginables. Sin embargo, este futuro prometedor depende de cómo se aborden los desafíos y se maximicen las oportunidades que presenta. Un enfoque equilibrado y reflexivo, centrado en una colaboración significativa entre tecnología y humanidad, será esencial para forjar un camino educativo que beneficie a todas las generaciones futuras.

Pero, sin duda, hay otro factor fundamental a considerar: la necesidad de que los educadores impartan conocimientos sobre el uso responsable de la IA a los estudiantes es cada vez más imperativa en la era digital. En un mundo donde la IA se está convirtiendo en una herramienta omnipresente, es crucial que los estudiantes no solo aprendan a utilizarla de manera efectiva y autónoma, sino que también desarrollen una comprensión profunda de sus implicaciones éticas, sociales y técnicas. En lugar de descubrir la IA de forma parcial y posiblemente sesgada a través de sus propias experiencias, los estudiantes deben recibir una educación integral que aborde tanto sus capacidades como sus limitaciones.

Los educadores tienen la responsabilidad ineludible de guiar a los estudiantes en el entendimiento de cómo la IA puede ser utilizada para mejorar diversos aspectos de la vida y el trabajo, al mismo tiempo que señalan los riesgos potenciales asociados con su uso indebido o sin una reflexión crítica. Esta enseñanza debe incluir lecciones sobre la importancia de la privacidad de datos, el reconocimiento y la mitigación del sesgo algorítmico, y la comprensión de cómo la IA puede influir y ser influenciada por contextos sociales y culturales. Al equipar a los estudiantes con este conocimiento, los educadores pueden fomentar una generación de usuarios de IA conscientes y críticos, capaces de aplicar esta tecnología de manera ética y efectiva en sus futuras carreras y vidas personales.

La revolución de la IA es un fenómeno irreversible en el panorama tecnológico actual. Su progresiva integración en diversos sectores sugiere que un gran porcentaje de estudiantes, independientemente de su campo de estudio, probablemente emplearán alguna forma de IA en sus futuras profesiones. Esta inevitabilidad refuerza la necesidad de que los educadores no solo enseñen sobre la IA, sino que también inculquen una comprensión profunda de cómo usarla de forma responsable y efectiva. Al hacerlo, preparan a los estudiantes no solo para interactuar con estas tecnologías, sino para liderar su aplicación de maneras que promuevan el bienestar social y el progreso ético.

La educación sobre la IA en el sistema educativo, por lo tanto, debe ir más allá de la mera competencia técnica. Debe incluir una reflexión sobre cómo la IA está moldeando y transformando nuestras sociedades y entornos laborales. Los educadores tienen la oportunidad de enseñar a los estudiantes a ser no solo usuarios competentes, sino también pensadores críticos e innovadores responsables en el campo de la IA. Esto implica entender la IA no como un fin en sí mismo, sino como una herramienta poderosa que, si se usa sabiamente, puede solucionar problemas complejos, mejorar la eficiencia y fomentar la creatividad.

Además, al integrar la IA dentro del sistema educativo de manera consciente y reflexiva, los estudiantes pueden aprender a utilizar estas tecnologías de una manera que enriquezca su aprendizaje y desarrollo personal. Esto no solo les prepara para el futuro, sino que también sienta las bases para un uso ético y responsable de la IA, garantizando que su aplicación en el mundo real se alinee con valores humanísticos y principios éticos. En última instancia, esta educación integral en IA capacitará a los estudiantes para ser líderes y agentes de cambio en un mundo cada vez más influenciado por la tecnología avanzada.

En definitiva, el viaje hacia la integración de la IA en el ámbito educativo está lleno de promesas y desafíos. Mientras que la IA ofrece herramientas revolucionarias para personalizar y enriquecer la experiencia de aprendizaje, su incorporación plantea cuestiones complejas sobre el papel del educador, la ética, la privacidad y las consecuencias socioeconómicas.

La clave para navegar este panorama multifacético yace en un enfoque equilibrado: una colaboriónn sinérgica entre la IA y los educadores que respete los principios fundamentales de una educación humanística y ética. Pero, además, es este un escenario en el que los educadores tienen un rol esencial e inevitable en guiar a los estudiantes a través del uso responsable y consciente de la IA, preparándolos no solo para el futuro tecnológico, sino también para liderar con una comprensión profunda de sus implicaciones éticas y sociales.

Al abordar este desafío con una adopción cuidadosa, formación continua, atención a la ética y privacidad, e integración de competencias digitales en el currículo, podemos asegurar un futuro donde la IA no solo facilite el aprendizaje, sino que también lo enriquezca, forjando así un camino educativo que beneficie a todas las generaciones futuras.

REFERENCIAS BIBLIOGRÁFICAS

BOWER, M. (2017), *Design of technology-enhanced learning: Integrating research and practice*, Emerald Publishing Limited.

BUCKINGHAM, D. (2019), *The media education manifiesto*, New Jersey: Wiley.

CRAWFORD, K. (2021), *Atlas of AI: Power, politics and the planetary costs of artificial intelligence*, Yale University Press.

FRIEDMAN, T. L. (2019), *Thank you for being late: An optimist's guide to thriving in the age of accelerations*, Picador USA.

GONZÁLEZ, C., FANJUL, C. y CABEZUELO, F. (2015), «Uso, consumo y conocimiento de las nuevas tecnologías en personas mayores en Francia, Reino Unido y España», en *Comunicar*, 45, pp. 19-37.

LIYANAGUNAWARDENA, T. R., ADAMS, A. A. y WILLIAMS, S. A. (2019), «MOOCs: A systematic study of the published literature 2008-2012», en *International Review of Research in Open and Distributed Learning*, 14 (3), pp. 202-227.

LUCKIN, R. *et al.* (2016), *Intelligence unleashed: An argument for AI in education*, Pearson Education.

MAYER-SCHÖNBERGER, V. y CUKIER, K. (2018), *Big data: A revolution that will transform how we live, work and think*, Houghton Mifflin Harcourt.

O'NEIL, C. (2016), *Weapons of math destruction: How Big Data increases inequality and threatens democracy*, Crown.

SELWYN, N. (2017), *Education and technology: Key issues and debates*, Bloomsbury Publishing.

VALENTI, S., NERI, F. y CUCCHIARELLI, A. (2019), «Automated essay scoring: A literature review», en *Journal of Educational Computing Research*, 57 (8), pp. 2084-2117.

WATTERS, A. (2020), *The monsters of education technology*, CreateSpace.

XIE, Y. y REIDER, D. (2019), «Understanding the impact of AI on personalized learning», en *Journal of Educational Technology*, 23, pp. 370-380.

ZAWACKI-RICHTER, O. *et al.* (2019), «Systematic review of research on artificial intelligence applications in higher education – Where are the educators?», en *International Journal of Educational Technology in Higher Education*, 16, 39.

ZHAO, Y. y FRANK, K. A. (2020), *Schools as socio-technical systems: Balancing the technical and the social in educational innovations*, Michigan State University.

ZHOU, L. y XU, K. (2020), «Artificial intelligence in education: Challenges and opportunities for sustainable development», en *International Journal of Educational Technology in Higher Education*, 17 (1), pp. 1-24.

FOMENTO DEL PENSAMIENTO CRÍTICO A TRAVÉS DEL USO DE HERRAMIENTAS DE INTELIGENCIA ARTIFICIAL EN LA ENSEÑANZA DE LA FOTOGRAFÍA

EMILIANO BLASCO
UNIVERSIDAD CEU SAN PABLO

El pensamiento crítico es una cuestión de la educación contemporánea que destaca por su papel fundamental en la formación integral de los estudiantes en un mundo cada vez más complejo y en plena revolución tecnológica. El pensamiento crítico no solo implica una habilidad para analizar y evaluar información de manera objetiva y racional, sino también la capacidad de reflexionar sobre el propio proceso de pensamiento y el de los demás, promoviendo así un entendimiento más profundo y matizado de los temas estudiados[27]. Además, constituye una de las cuatro habilidades fundamentales para el siglo XXI junto a la comunicación, la creatividad y la colaboración[28].

---

[27] KUBIATKO, M. *et al.* (2022), «The influence of selected variables on university students' critical thinking level: Preliminary results», en *Education and Self Development*, 17 (4), pp. 22-33.

[28] SPECTOR, J. y MA, S. (2019), «Inquiry and critical thinking skills for the next generation: From artificial intelligence back to human intelligence», en *Smart Learning Environments*, 6, pp. 1-11.

En el contexto actual, marcado por la rápida evolución tecnológica y la abundancia de información disponible, los estudiantes se enfrentan constantemente a una amplia gama de fuentes y tipos de datos y a los riesgos que esta sobrecarga informativa conlleva. Esta realidad hace que la capacidad de discernir entre información veraz y engañosa sea más crucial que nunca.

El pensamiento crítico fomenta la curiosidad intelectual y la apertura mental. Estos son aspectos fundamentales para el aprendizaje continuo y la adaptación a nuevos contextos y desafíos. Al desarrollar un enfoque crítico, los estudiantes aprenden a cuestionar supuestos, a considerar múltiples perspectivas y a desarrollar argumentos bien fundamentados.

Desde la perspectiva pedagógica, la integración del pensamiento crítico en la educación implica la adopción de métodos de enseñanza que promuevan la indagación, el análisis y la reflexión en lugar de la memorización pasiva de contenidos. Esto conlleva la creación de ambientes de aprendizaje donde se estimula a los estudiantes a formular preguntas, a realizar investigaciones, a trabajar en proyectos colaborativos y a aplicar sus conocimientos en situaciones reales[29].

En el contexto de la docencia universitaria, especialmente en disciplinas creativas como la fotografía, la integración de la inteligencia artificial (IA) en la educación artística representa un cambio paradigmático notable. Este avance no solo modifica las técnicas y herramientas disponibles para los educadores y estudiantes, sino que también genera nuevas líneas de trabajo y reflexión que al estudiante universitario le van a servir en su día a día.

---

29 ZANDEN, P. *et al.* (2020), «Fostering critical thinking skills in secondary education to prepare students for university: Teacher perceptions and practices», en *Research in Post-Compulsory Education*, 25, pp. 394-419.

Por último, la IA abre puertas a la experimentación y exploración artística de maneras que antes eran inimaginables[30]. En la fotografía, por ejemplo, la IA puede ayudar a los estudiantes a explorar técnicas avanzadas de edición de imágenes o a experimentar con estilos artísticos diversos. Esto no solo amplía el horizonte creativo de los estudiantes, sino que también les enseña a abordar la fotografía desde una perspectiva más experimental y abierta.

CAMBIOS EN LA FOTOGRAFÍA

La fotografía, como medio de expresión y aprendizaje, posee una historia rica y multifacética, marcada por su evolución tanto en la técnica como en su aplicación artística. Desde sus inicios en el siglo XIX, la fotografía ha transitado un camino que la ha llevado de ser una mera herramienta de documentación a una forma de arte respetada y diversa.

En el ámbito artístico, la fotografía sufrió un proceso de aceptación similar al que está viendo la inteligencia artificial, donde los artistas negaban la capacidad de la fotografía para generar arte, entre otras cosas porque se utilizaba una herramienta que (supuestamente) no requería talento por parte del fotógrafo. Uno de los defensores de esta lógica fue el poeta Charles Baudelarie[31].

Los críticos argumentaban que la fotografía, al depender de una cámara y procesos químicos, carecía del «alma» y del toque personal que los artistas imprimían en sus obras. Se percibía que la fotografía, al ser mecánica y reproducible, no requería el mis-

---

30 WALTER, K., BALLER, S. y KUNTZ, A. (2012), «Two approaches for uing web sharing and photography assignments to increase critical thinking in the health sciences», en *The International Journal of Teaching and Learning in Higher Education*, 24, pp. 383-394.

31 Entre otros, el poeta Charles Baudelarie fue un activo crítico de la fotografía como práctica que iba a destruir el arte y la consideraba «un humilde siervo del arte». BLOOD, S. (1986), «Baudelaire against photography: An allegory of old age», en *MLN*, 101 (4), pp. 817-837.

mo nivel de habilidad y talento que las formas de arte tradicionales como la pintura y la escultura. Del mismo modo, los detractores de la fotografía argumentaban que al capturar simplemente la realidad tal como es, la fotografía carecía de la interpretación y la expresión subjetiva que caracterizan al arte. La dependencia de la cámara fue vista como una barrera que impedía la verdadera expresión creativa[32].

Para muchos artistas de la época, la fotografía era vista como una amenaza directa. La capacidad de capturar imágenes realistas rápidamente y con una fidelidad sin precedentes parecía socavar las habilidades que los artistas habían perfeccionado durante años. Había un temor generalizado de que la fotografía pudiera reemplazar o disminuir el valor del arte tradicional.

En el contexto educativo, la fotografía se ha establecido como un medio vital para fomentar habilidades críticas y creativas. En la enseñanza universitaria, particularmente, se utiliza no solo para enseñar técnicas específicas sino también para incentivar la observación detallada, la interpretación y la crítica constructiva. La fotografía como disciplina artística promueve un entendimiento profundo de los contextos culturales y sociales, fomentando en los estudiantes una perspectiva amplia y reflexiva. Este enfoque integral en la enseñanza de la fotografía asegura que no se limite a la mera adquisición de habilidades técnicas, sino que se convierta en un ejercicio reflexivo y crítico de comprensión y comunicación.

En términos pedagógicos, la fotografía ofrece un terreno fértil para explorar temas transversales, como la ética, la identidad, la memoria y la percepción. La capacidad de una imagen para contar historias, evocar emociones y provocar debate la convierte en una herramienta educativa inigualable. Al estudiar fotografía, los estudiantes no solo aprenden a «leer» y «escribir» visualmente, sino también a analizar críticamente el poder y el impacto de

---

32 ROSEMBLUM, N. (2005), «A world history of photography. 3rd edition», New York: Abbeville Press, pp. 154-161.

las imágenes en nuestra cultura visualmente saturada. Siempre se ha sabido que la fotografía, por ser un arte y por las propias limitaciones que tiene como medio, tiene a tener sesgos que dependen del autor de las imágenes.

Desde 1998[33] existen ya estudios que hablan de la capacidad de la fotografía y su enseñanza para el fomento del juicio crítico. Es sabido que el objetivo de la cámara a menudo revela matices y detalles comúnmente pasados por alto, del mismo modo está actuando ahora la inteligencia artificial en la creación de «desviaciones» de la realidad que ponen a prueba la percepción del público. Por tanto, permite promover el pensamiento crítico, especialmente en la construcción, identificación y evaluación de las dimensiones de un problema; apreciando el punto de vista, y sopesando conclusiones, inferencias e interpretaciones.

LA FOTOGRAFÍA EN EL CONTEXTO EDUCATIVO

La fotografía, al ser tanto un arte como una técnica, desempeña un papel crucial en el desarrollo cognitivo. En el contexto educativo, particularmente a nivel universitario, facilita un enfoque multifacético hacia el aprendizaje. La capacidad de capturar, interpretar y comunicar a través de imágenes permite a los estudiantes desarrollar habilidades esenciales como la observación detallada, la interpretación crítica y la expresión creativa.

La versatilidad de la fotografía la convierte en una herramienta de aprendizaje interdisciplinar. Su aplicación trasciende los límites convencionales de las disciplinas académicas, abarcando áreas que van desde las humanidades hasta las ciencias sociales y naturales. El auge de la tecnología digital y los medios sociales ha llevado a una era dominada por la imagen, haciendo que la

---

33 MIHOLIC, V. (1998), «Using photography to heighten critical thinking», en *Journal of College Reading and Learning*, 28, pp. 111-116.

competencia visual –la habilidad de leer, interpretar y crear significados a partir de imágenes– sea más crucial que nunca.

La práctica y la enseñanza de la fotografía se encuentra estrechamente vinculada al uso de herramientas fotográficas, y en la actualidad, el procesamiento de imágenes y la informática desempeñan un papel cada vez más importante en estas herramientas modernas[34]. Ahora es posible lograr efectos artísticos que antes dependían del *hardware* de las cámaras mediante cálculos de *software*, como el desenfoque de fondo con poca profundidad de campo. Nos encontramos con un nuevo paso en esa «simbiosis» entre la fotografía y la técnica con la revolución de la IA, que nos permite generar imágenes, pero también mejorarlas, desarrollar procesos de postproducción o, incluso, animarlas. La tendencia actual es la creciente integración entre la tecnología y el arte, lo que implica la necesidad de mantener actualizado el contenido de la enseñanza fotográfica.

INTEGRACIÓN DE LA IA EN LA ENSEÑANZA DE LA FOTOGRAFÍA

La integración de las herramientas de IA en la enseñanza de la fotografía no solo facilita el acceso a técnicas avanzadas y abre nuevas posibilidades creativas, sino que también impulsa a los estudiantes a reflexionar críticamente sobre el papel de la tecnología en el arte. Al explorar estas herramientas, los estudiantes aprenden a cuestionar y evaluar el impacto de la IA en la expresión artística y en la percepción de la realidad. Este enfoque holístico ayuda a los estudiantes a desarrollar habilidades críticas que son esenciales no solo en la fotografía, sino en su formación académica y profesional en general.

---

34 LI, Q. *et al.* (2019), «Integration of photographic art and imaging technology: Calculating effect of small depth of field», en *DEStech Transactions on Social Science, Education and Human Science*.

Esta integración conlleva mucho más que el uso de tecnologías; es un catalizador para una comprensión más profunda del arte, la tecnología y la sociedad. Mientras continuamos explorando estas herramientas, se hace evidente que la integración de la IA en la fotografía no solo redefine las habilidades técnicas y creativas requeridas, sino que también insta a los educadores y estudiantes a reflexionar sobre los aspectos éticos y filosóficos de la creación artística en la era digital.

La capacidad de la IA para manipular y generar imágenes con gran precisión plantea preguntas fundamentales sobre la autenticidad y la ética en la fotografía. Los educadores tenemos la responsabilidad de guiar a los estudiantes a través de estas cuestiones complejas, fomentando un análisis crítico de lo que significa la «realidad» en la fotografía y cómo la tecnología puede alterar nuestra percepción de ella. Este debate es crucial para desarrollar una comprensión más profunda del impacto de la IA en la sociedad y en la naturaleza del arte fotográfico.

A medida que los estudiantes interactúan con estas herramientas, aprenden a combinar su visión artística con las capacidades técnicas de la IA, lo que puede resultar en obras fotográficas innovadoras y expresivas. Esta sinergia entre humano y máquina es un terreno fértil para explorar nuevas formas de expresión artística.

En un mundo donde la IA está cada vez más presente, es esencial que los programas educativos en fotografía preparen a los estudiantes no solo para usar estas herramientas, sino también para entender su impacto en la industria fotográfica y en la sociedad en general. El conocimiento y la experiencia práctica con la IA les darán una ventaja significativa en sus carreras profesionales.

A través de esta integración, los estudiantes no solo se convierten en fotógrafos técnicamente competentes, sino también en pensadores críticos y creadores conscientes en la era digital. Esta combinación de habilidades y conocimientos es esencial para navegar y contribuir de manera significativa en un mundo cada vez más influenciado por la tecnología de IA.

Se hace evidente que la educación en fotografía asistida por IA no es solo un proceso de adquisición de nuevas habilidades técnicas, sino también una exploración profunda de cómo la tecnología cambia nuestra relación con la imagen, la percepción y la realidad. Es crucial que los estudiantes desarrollen una mentalidad crítica hacia la IA. Esto significa entender no solo sus posibilidades, sino también sus limitaciones y los sesgos inherentes a cualquier tecnología. Los educadores deben fomentar un entorno donde se cuestione y debata el papel de la IA, promoviendo un entendimiento profundo y matizado de cómo estas herramientas pueden y deben ser utilizadas en la práctica fotográfica.

EXPLORANDO NUEVAS NARRATIVAS VISUALES

La IA permite la creación de narrativas visuales que antes eran imposibles o altamente improbables. Los educadores pueden guiar a los estudiantes en la exploración de estas nuevas formas de contar historias, animándolos a experimentar con técnicas avanzadas como la síntesis de imágenes o la animación generada por IA. Esto puede abrir nuevos caminos para la expresión creativa, permitiendo a los estudiantes explorar temas complejos y multidimensionales a través de la fotografía.

A pesar del poder de la IA, es crucial mantener un fuerte énfasis en la creatividad humana y la experimentación personal. La tecnología debe ser vista como un medio para expandir la visión artística del estudiante, no como un fin en sí mismo. Fomentar un ambiente donde la experimentación y la exploración personal sean valoradas puede ayudar a los estudiantes a encontrar su voz única como fotógrafos, incluso en un paisaje tecnológicamente avanzado.

La crítica y el análisis desempeñan un papel crucial en la fotografía asistida por IA. Los estudiantes deben ser alentados a analizar críticamente no solo su propio trabajo, sino también el trabajo de sus compañeros y de fotógrafos establecidos que utilizan IA. Esto ayuda a desarrollar un entendimiento más profundo de las posibilidades y limitaciones de la IA en la fotografía y fomenta una comunidad de aprendizaje donde las ideas y técnicas se comparten y se debaten abiertamente.

Finalmente, es fundamental que los programas de fotografía desarrollen y enseñen un marco ético sólido en relación con el uso de la IA. Esto debería incluir discusiones sobre la autoría, la originalidad, la privacidad y el impacto sociocultural de las imágenes generadas o manipuladas por IA. Preparar a los estudiantes para enfrentar y resolver dilemas éticos en su práctica profesional es crucial en un campo en rápida evolución como la fotografía.

Mirando hacia el futuro, la integración de la IA en la enseñanza de la fotografía promete no solo transformar la forma en que los fotógrafos crean y piensan sobre su trabajo, sino también cómo comprendemos y valoramos la fotografía como una forma de arte y como una herramienta de comunicación[35]. Al equilibrar el dominio técnico con el pensamiento crítico y la reflexión ética, los educadores pueden preparar a los estudiantes para ser líderes e innovadores en el campo de la fotografía, capaces de navegar y dar forma a un paisaje tecnológico en constante cambio.

En un panorama profesional donde la IA está ganando terreno rápidamente, es esencial que los programas de fotografía preparen a los estudiantes no solo para utilizar estas tecnologías, sino también para entender su impacto en el mercado laboral. Esto incluye desarrollar habilidades en áreas emergentes como la fotografía computacional, la curaduría digital asistida por IA y la gestión de derechos digitales, preparando a los estudiantes para carreras en un campo en constante evolución.

---

35 SPECTOR, J. y MA, S. (2019), «Inquiry and critical thinking skills for the next generation: From artificial intelligence back to human intelligence», en *Smart Learning Environments*, 6, pp. 1-11.

Además, la IA puede jugar un papel crucial en hacer la fotografía más inclusiva y accesible. Por ejemplo, herramientas de edición asistidas por IA pueden facilitar la creación de imágenes para personas con limitaciones físicas o visuales. Esto abre el campo de la fotografía a una gama más amplia de creadores, enriqueciendo la disciplina con perspectivas diversas y únicas.

A medida que la IA continúa evolucionando y redefiniendo el campo de la fotografía, los educadores y estudiantes deben estar preparados para adaptarse y explorar nuevas fronteras. La fotografía asistida por IA no es solo una herramienta técnica, sino una nueva lente a través de la cual podemos ver y entender el mundo. Al enseñar a los estudiantes a utilizar estas herramientas de manera efectiva, ética y crítica, los prepararemos no solo para ser fotógrafos competentes en un mundo tecnológicamente avanzado, sino también para ser pensadores críticos y creadores conscientes en la sociedad del futuro.

En última instancia, la integración de la IA en la enseñanza de la fotografía es un viaje continuo, uno que requiere una constante reevaluación y adaptación por parte de educadores y estudiantes por igual. Este viaje no solo implica el dominio de nuevas herramientas tecnológicas, sino también una profunda reflexión sobre cómo estas herramientas cambian nuestra comprensión y práctica de la fotografía.

ESTRATEGIAS PARA FOMENTAR EL PENSAMIENTO CRÍTICO MEDIANTE LA IA

La introducción de la IA en la enseñanza de la fotografía también cambia la dinámica en la sala de clase. El rol del educador se transforma de un instructor tradicional a un facilitador de experiencias de aprendizaje, guiando a los estudiantes a través de un paisaje tecnológico complejo y en constante cambio. Esto requiere una flexibilidad pedagógica y una disposición a explorar y aprender junto con los estudiantes.

La integración de la IA en la fotografía también promueve un enfoque más colaborativo hacia el aprendizaje. Los estudiantes pueden trabajar juntos en proyectos que combinan habilidades en fotografía, programación, generación de *prompts* y diseño, fomentando un entorno de aprendizaje interdisciplinario y colectivo. Esta colaboración es esencial en un campo donde las fronteras entre la tecnología, el arte y la ciencia son cada vez más difusas.

Además, es crucial inculcar un sentido de responsabilidad y conciencia social en los estudiantes que trabajan con IA. Deben ser conscientes de cómo su trabajo puede influir en la sociedad y considerar las implicaciones éticas de sus creaciones. Esto es particularmente importante en la era de la «post-verdad», donde la manipulación de imágenes puede tener consecuencias significativas.

La integración de la IA en la enseñanza de la fotografía ofrece oportunidades únicas para desarrollar el pensamiento crítico[36]. A continuación, se presentan algunas estrategias:

1. **Análisis de imágenes asistido por IA:** Utilizar herramientas de IA para descomponer y analizar imágenes. Esto puede incluir el examen de composición, color, luz y sombra, así como la detección de posibles manipulaciones o alteraciones en las imágenes. Del mismo modo, herramientas como las propias IAs de generación de imagen: DallE3, Stable Diffusion, Midjourney o las integradas en otros *softwares* como Photoshop o Canvas. Al hacerlo, los estudiantes aprenden a cuestionar y entender cómo las imágenes pueden ser modificadas o interpretadas de diferentes maneras y valorar la veracidad de la información.

2. **Discusión y debate de casos de uso de la IA:** Organizar debates en clase sobre el uso de la IA en la fotografía, abordando temas como la ética de la manipulación de imá-

---

36 FYSK, R. (2023), «The rise of ChatGPT and generative A.I. and what it means for schools», en *AASA Journal of Scholarship & Practice* 20, n.º 1, pp. 37-46.

genes, la autoría en la era de la IA y el impacto de la IA en la percepción pública de la realidad. Esto fomenta la reflexión crítica y la discusión informada.

3. **Evaluación crítica de herramientas de IA:** Incentivar a los estudiantes a evaluar críticamente las herramientas de IA que utilizan, considerando no solo su funcionalidad sino también las implicaciones de su uso. Esto incluye la discusión sobre sesgos algorítmicos y limitaciones de las tecnologías.

Por otro lado, para integrar efectivamente la IA en la enseñanza de la fotografía y fomentar el pensamiento crítico, se pueden adoptar las siguientes metodologías:

1. **Proyectos prácticos basados en IA:** Implementar proyectos donde los estudiantes utilicen herramientas de IA para crear o modificar imágenes. Estos proyectos deben ir acompañados de una reflexión crítica sobre el proceso, fomentando a los estudiantes a considerar cómo la intervención de la IA afecta la finalidad y el significado de sus obras.

2. **Análisis de datos visuales con IA:** Fomentar el uso de herramientas de IA para analizar tendencias en fotografía, como estilos populares o técnicas emergentes. Esto ayuda a los estudiantes a desarrollar una comprensión basada en datos de la evolución del campo fotográfico.

Tal y como hemos visto, podemos decir que la integración de la IA en la enseñanza de la fotografía ofrece oportunidades significativas para desarrollar el pensamiento crítico en los estudiantes. Al aprender a utilizar herramientas de IA de manera efectiva y reflexiva, los estudiantes pueden adquirir una comprensión más profunda no solo de la fotografía como forma de arte y comunicación, sino también del impacto de la tecnología en la percepción y la interpretación de la realidad y los retos que esto supone para la sociedad.

REFERENCIAS BIBLIOGRÁFICAS

BAILIN, S. (1987), «Critical and creative thinking», en *Informal Logic*, 9.

BLOOD, S. (1986), «Baudelaire against photography: An allegory of old age», en *MLN*, 101 (4), pp. 817-837.

FYSK, R. (2023), «The rise of ChatGPT and generative A.I. and what it means for schools», en AASA Journal of Scholarship & Practice 20, nº. 1, pp. 37-46.

KUBIATKO, M. *et al.* (2022), «The influence of selected variables on university students' critical thinking level: Preliminary results», en *Education and Self Development*, 17 (4), pp. 22-33.

LI, Q. *et al.* (2019), «Integration of photographic art and imaging technology: Calculating effect of small depth of field», en *DEStech Transactions on Social Science, Education and Human Science*.

MIHOLIC, V. (1998), «Using photography to heighten critical thinking», en *Journal of College Reading and Learning*, 28, pp. 111-116.

ROSEMBLUM, N. (2005), «A world history of photography. 3rd edition», New York: Abbeville Press, pp. 154-161.

SPECTOR, J. y MA, S. (2019), «Inquiry and critical thinking skills for the next generation: From artificial intelligence back to human intelligence», en *Smart Learning Environments*, 6, pp. 1-11.

WALTER, K., BALLER, S. y KUNTZ, A. (2012), «Two approaches for uing web sharing and photography assignments to increase critical thinking in the health sciences», en *The International Journal of Teaching and Learning in Higher Education*, 24, pp. 383-394.

ZANDEN, P. *et al.* (2020), «Fostering critical thinking skills in secondary education to prepare students for university: Teacher perceptions and practices», en *Research in Post-Compulsory Education*, 25, pp. 394-419.

SE TERMINÓ DE IMPRIMIR ESTA EDICIÓN DE
LOS RETOS DE LA INTELIGENCIA ARTIFICIAL
EN CONTEXTOS EDUCATIVOS
EL DÍA 26 DE ABRIL DE 2024,
FESTIVIDAD DE SAN ISIDORO.

LAUS DEO VIRGINIQUE MATRI